基层干部培训系列教材

苏州村级集体经济发展的模式与案例

主　编　薛　臻
副主编　金伟栋

苏州大学出版社
Soochow University Press

基层干部培训系列教材
编写委员会

主　任　张　伟
副主任　孙坚烽　费春元　薛　臻
委　员　汤艳红　金伟栋　蔡俊伦
　　　　　叶　剑　何　兵
本书编写人员（按姓氏笔画排序）
　　　　　王江君　肖　尧　宋　艳
　　　　　何　兵　何蓓蓓　陈　述
　　　　　孟凡辉　徐汝华　董　遵

序

发展村级集体经济,走共同富裕道路,是苏州农村改革30多年来最大的特色和亮点之一。苏州市农村干部学院薛臻同志主编的《苏州村级集体经济发展的模式与案例》一书,系统阐述了苏州村级集体经济发展的主要历程与经验启示,总结了苏州村级集体经济发展的7种主要模式,并配以相应的案例,内容通俗易懂,可以为基层干部发展村级集体经济提供有益的借鉴。

近年来,苏州以城乡一体化改革发展统领"三农"(农业、农村、农民)工作,坚持"三农"与"三化"(工业化、城市化、国际化)互动并进,把富民强村作为推进城乡一体化发展的关键举措,勇于创新、大胆实践,不断开创富民强村工作新局面,实现了农村经济持续发展、农民收入持续增加、农村社会持续稳定的目标。2005年以来,苏州村级集体经济收入始终保持两位数以上增长。2015年,农村集体经济总量超过1610亿元,村均集体收入达到776万元。农民人均可支配收入达到2.57万元,城乡居民收入比1.9∶1,为全省全国城乡居民收入差距最小的地区之一。

发展村级集体经济,有利于夯实固本强基的经济基础,促进富民与强村的协同并进,是"苏南模式"的创新发展,也是促进农民持续增收的潜力所在。下一步,要像20世纪90年代扶持开放型经济、进入新世纪扶持民营经济一样,进一步加大对村级集体经济的扶持力度,促进其业态、形态、管理水平、富民水平"四个提升"。一是提升业态。坚持高点定位,紧贴转型发展,从原来的造打工楼、建标准厂房等,向积极参与城镇化建设,建设创新创业楼宇、科技孵化平台、现代服务业综合体等拓展延伸。二是提升形态。强化政府引导、规划引领,跳出"村村点火"的地域局限，打破镇村等行政界限，在更大范围统筹规划，在更高层次整合资源，优化空间布局，集聚生产要素，实行异地发展、联合发展、抱团发展、集约发展。三是提升管理水平。股份合作经济是新型集体经济的主要形式，要在前些年强调"合作"的基础上，更加强调"股份"的概念，强化市场经济的理念，引导新型集体经济逐步建立现代企业制度，更加科学地设置股权结构，完善内部管理架构和治理结构，促进项目、资金、财务等规范化管理。四是提升富民水平。鼓励农民增资扩股，通过"债转股、息转利"等途径，既有效解决资金问题，又有效拓展富民空间；处理好积累与分配的关系，科学界定资产收益用于发展再生产、股份分红、管理费用的比例，不断提高股份分红水平，不断提高农民财产投资性收入比重。

发展村级集体经济需要市县统筹规划、整合资源，关键在于镇村的创新创造。必须充分尊重基层的首创精神，大力培育典型、总结典型、推广典型，充分发挥典型示范带动作用。近年来，全市上下大力弘扬张家港精神、昆山之路、园区经验等"三创三先"（创业、创新、创优，争先、领先、率先）精神，在发展村级集体经济、促进富民强村工作实践中，涌现了蒋巷村、永联村、湖桥村、渭西村、龙桥社区、东仓村、晟泰村、圣牛村等一大批先进典型。这是基层创新创造的成果，是苏州经济社会发展的宝贵财富。在新形势下，要进一步发扬创先争优精神，使苏州在富民强村方面典型更多、亮点更亮、品牌更响，不断书写城乡一体化发展的新篇章。

2013.8.27.

（陈振一，苏州市委副书记）

目 录

绪　论 ………………………………………………………………… 1
第一章　苏州村级集体经济发展概述 ………………………………… 9
　第一节　苏州村级集体经济发展的现状、历程与主要做法 …… 9
　第二节　苏州村级集体经济发展的经验、问题与未来展望 …… 20
第二章　村企合一发展村级集体经济 ……………………………… 30
　概述 ………………………………………………………………… 30
　案例一　永联村：村企合一发展村级经济的新苏南模式 …… 35
　案例二　康博村：发挥骨干企业作用，村企共建发展村级经济
　　　　　　…………………………………………………………… 44
　案例三　梦兰村：美梦成真，村企共建幸福新农村 ………… 51
第三章　区位优势发展村级集体经济 ……………………………… 58
　概述 ………………………………………………………………… 58
　案例一　天平村："掘金"轻轨，寻求经济发展新突破 …… 63
　案例二　泰元社区：抓机遇，寻资源，实现发展新跨越 …… 71
　案例三　泾河村：做好集约文章，彰显经济效益 …………… 78
第四章　异地拓展发展村级集体经济 ……………………………… 85
　概述 ………………………………………………………………… 85
　案例一　旺山村：异地发展工业让山更清、水更秀 ………… 90
　案例二　尧南村：吴中尧南小葡萄，现代农业大事业 ……… 97
　案例三　市北村：跳出市北，发展市北，壮大市北 ………… 104
第五章　多业并举发展村级集体经济 ……………………………… 110
　概述 ………………………………………………………………… 110
　案例一　凤凰泾村：筑巢引凤，"水凤凰"变"金凤凰" …… 115

案例二　湖桥村：多业并举谱写村级集体经济宏伟蓝图 …… 122
　　案例三　蒋巷村：三业互动奏响集体经济"奋进曲" ………… 129

第六章　资本运作发展村级集体经济 ………………………… 134
　　概述 ………………………………………………………… 134
　　案例一　龙桥社区：从失地到实力的领跑者 ……………… 140
　　案例二　上林村：土地资本化引领集体经济新跨越 ……… 147
　　案例三　友联社区：楼宇经济开启富民强村新征程 ……… 154

第七章　联合抱团发展村级集体经济 ………………………… 161
　　概述 ………………………………………………………… 161
　　案例一　唯亭街道：组建富民集团，走出富民新路径 …… 166
　　案例二　淀山湖镇：组建强村发展有限公司，展现强势发展
　　　　　　后劲 ………………………………………………… 173
　　案例三　元和街道：组建元联置业有限公司，搭建发展新
　　　　　　平台 ………………………………………………… 177

第八章　现代农业发展村级集体经济 ………………………… 182
　　概述 ………………………………………………………… 182
　　案例一　莲花村：以蟹为龙头，生态农业、乡村旅游为特色，
　　　　　　实现富民强村 ……………………………………… 187
　　案例二　东林村：以循环农业为抓手，走生态文明之路 … 195
　　案例三　北联村：建设现代农业产业园区，提升示范、辐射、
　　　　　　推广能力 …………………………………………… 204

后记 ……………………………………………………………… 213

绪 论

我国宪法第六条明确规定:"中华人民共和国的社会主义经济制度的基础是生产资料的社会主义公有制,即全民所有制和劳动群众集体所有制。"村级集体经济,具有农村集体经济的性质和特征,是发展农村集体经济的重要途径之一。

一、村级集体经济的概念

村级集体经济,是农村集体经济的一种表现形式,是生产资料归村民共同所有的一种公有制经济。发展村级集体经济,不但可以广泛吸收农民手中的闲散资金,缓解农民就业压力,而且对促进农村经济社会发展、增加公共财富和国家税收具有重要的作用。

二、村级集体经济的功能

1. 村级集体经济是农村基层组织运转的重要保障

长期以来,我国农村基层组织的运转经费(村干部报酬和办公经费等)一直由村级集体经济组织承担,虽然取消农村税费后,各级财政对村级运转经费实行转移支付,但不足部分仍靠村级集体经济解决。同时,只有村级集体经济有实力,村级组织才能从物质条件上为群众搞好生产生活服务,才能使基层组织的凝聚力、号召力、战斗力增强。实践证明,村级集体经济实力比较强的地方,农村基层组织的凝聚力、号召力也比较强;而村级集体经济实力较弱的地方,农村基层组织一般都比较涣散,干群矛盾也比较突出,有的甚至成了瘫痪班子。

2. 村级集体经济是农村基础设施建设的主力军

农村基础设施是农业生产和农民生活的基本保障,其状况直接影响农业的生产能力和农民的生活质量。农村税费改革后,村内公共设施建设采取了"一事一议"的筹资机制,但这一机制的筹资能力和数量有限,村内基础设施建设所需的资金事实上还是依靠村级集体经济组织拨给。

3. 村级集体经济是发展农村社会事业的重要力量

农村文教卫体和社会保障等社会事业关系到农民的全面发展,既是新农村建设的重要内容,也是推进新农村建设的重要保障。近年来,农村文化教育卫生事业中的财政投入虽有增加趋势,但从投入结构来看,村级集体经济组织是最主要的投资主体。

4. 村级集体经济是促进农民收入增长的重要支撑

调查显示,凡是村级集体经济发展较好的村,农民的收入水平往往较高,农民人均收入与村级集体经济收入之间存在显著的正相关性。主要原因在于:村级集体经济实力强大就有能力改善农业基础设施,从而为农民发展高效生态农业提供必要的条件;村级集体经济的发展可以为农民提供就业机会,直接增加农民收入;一些村级集体资产较多的村,通过股份制改革,农民成为股东,能够从集体资产的经营收益中分红。此外,一些原本需要农民出资的项目(如新型合作医疗中的农民出资部分、农民养老保险中的农民出资部分),其资金由村级集体经济组织代农民交纳,减少了农民的支出,相应地增加了农民的收入。

三、村级集体经济的实现形式

随着农村经济的发展,村级集体经济出现了多种实现形式,大体可以概括为以下十种。

1. 龙头企业带动型

村办企业通过改制,整合力量,成为龙头企业。由龙头企业带动产业链纵向延伸,横向拓展,形成产业集群,构建村级集体经济良性发展的格局,成功锻造出龙头企业带动发展型模式。

2. 创新经济组织型

创办新经济组织,实行股份合作经营,按照自愿原则,吸收村级集体、企业家、村民投资入股,进行资本运作,盈利部分按股分红,使集体增收、农户得益。

3. 中介组织服务型

组织专业合作社,对内聚集村民,共同生产,推广技术,对外开拓市场,组织销售,闯出一条通过中介组织服务推动群众致富的道路。

4. 乡村观光旅游型

紧紧抓住当前休闲旅游经济蓬勃兴起的有利时机,依靠丰富的旅游资源,积极开发农家乐、发展休闲观光农业等,不断壮大村级集体经济。

5. 依城三产服务型

城郊村、城中村、园中村,依托紧邻市区的特点,积极为城市居民服务。通过服务,壮大第三产业的发展,提高村级集体经济的积累,实现城乡一体化。

6. 自办工业园区型

立足本地产业优势,投资开发小型产业园区,筑巢引凤,既促进了地方个私经济的发展,也壮大了村级经济实力。

7. 创业就业拓展型

在城市经济不断发展的过程中,靠近城镇的村土地因被占用而减少,可以创造产业孵化基地,鼓励农民创业,促进社会就业,发展相关产业,壮大集体经济。

8. 土地整理集约型

通过土地整理,迁村腾地,可以整理出大量的土地,也可以集约地利用土地,合理利用土地资源,引导村民发展经济,规划建设新型农村,既壮大村级集体经济,又提高村民生活质量。

9. 农业产业开发型

围绕实施"一乡一业,一村一品",充分发挥村级组织在调整农村产业结构中的带动示范作用,依托特色产业发展壮大村级集体经济。

10. 产权资本经营型

通过对存量资产的清理,以租赁的形式盘活存量资产,整合外来资本,发展相关产业,壮大集体经济。

四、村级集体经济发展的机遇与存在的问题

(一)村级集体经济发展的机遇

改革开放30多年来,农村生产力的发展和城镇化水平的提高,为村级集体经济的发展提供了良好机遇。

1. 发展村级集体经济具有较好的组织基础

在土地集体所有制基础上,一些农村在行政村(原生产大队)或自然村(原生产队)的社区范围内,成立了村级集体经济组织。中国目前存在200多万个村级集体经济组织;也有一些农村没有成立集体经济组织,村民委员会与村党支部实际上履行着部分集体经济组织的职能。在农村改革的过程中,村委会和村党支部一直发挥着集体经济组织的部分功能,如对集体土地进行发包、收取集体提留(农村税费改革后这项职能已不存在)、为家庭分散经营提供产前、产中、产后服务以及进行集体积累,等等。这一农业集体化的制度成果,绝不是农村改革和发展的羁绊,而是今后发展村级集体经济、壮大集体经济实力的组织基础。农村的改革和发展,不是要去除这些集体经济组织,而是通过改革使其不断发展壮大。只有这样,农村改革和发展才能向着邓小平所讲的高水平的集体化方向不断前进。

2. 工业化为发展村级集体经济提供了物质基础

改革开放30多年来,我国工业化所取得的成就是有目共睹的。工业化的不断发展,不仅为我国农业现代化提供了必不可少的物质准备,而且为我国村级集体经济发展奠定了物质基础。第一,工业化带动了城镇化进程,转移了大量农村人口到城镇就业,农业剩余劳动力的减少为农业的适度规模经营创造了条件;而农业适度规模经营,既可以通过土地承包经营权流转促成的土地承包大户来实现,也可以通过土地承

包经营向集体经济组织集中来实现。第二,工业化促进了农业机械化,机械化水平的提高为实现农业集约化、集体化创造了基本物质条件。第三,工业化为农业改革和发展提供了必要的资金。

3. 农村改革和发展培养、造就了一批现代农民

农村改革30多年来,在城镇化的进程中,尽管农村人才大量流向大中城市,但农村改革和发展的实践,造就了一批立足农村、发展农村的现代农民。这是因为,一方面,随着农村商品经济的发展,广大农民逐步改变了原有的以自给自足为主的小农经济意识,在市场经济中锻炼和提升了商品经济意识和市场竞争能力;另一方面,随着农村教育和农民培训的发展,广大农民的科学文化素质有了很大提高,当前已有近70%的农民具备中等教育文化程度。此外,国家还采取了农民专业技术培训、加强农业行政管理人才队伍建设、派遣大学生村官等有效措施,为农业和农村发展提供智力支持。现代农民的形成,为村级集体经济的发展壮大储备了人力资源,提供了智力支持。

4. 广大农民具有发展集体经济的强烈愿望

在我国当前农村经济体制下,全体村民都是村集体经济组织成员,农村社区集体经济组织的发展与村民生活水平的提高存在水涨船高的对应关系。一般说来,集体富,村民富;集体穷,村民穷;集体空,民心散。这一点无论是从集体经济实力雄厚的村,还是从集体经济脆弱的村,都能得到印证。集体经济的发展,不仅意味着村民负担的减轻、收入的增加,在更大程度上意味着村民福利的提高。因此,广大农民具有发展壮大村级集体经济的愿望。不过,明显的一点是,无论是广大农民的心愿还是现实发展都清楚地表明,广大农民不再需要过去那种一大二公、一平二调、"归大堆"的集体经济,而是要求在充分尊重农民意愿的基础上,通过多种形式使村级集体经济不断发展壮大。

(二) 村级集体经济发展存在的问题

尽管当前具备了逐步发展村级集体经济的现实可能性和良好机遇,但这并不意味着村级集体经济的发展壮大就能一帆风顺、顺理成章。要把这种可能性变成农村改革和发展的现实,还需要克服不少困难和障碍。

1. 社会舆论仍然对集体经济存在偏见

近年来,在我国学术界,一直存在着一股否定集体经济的风气。一些学者大肆渲染刘庄、南街、华西这些集体经济典型村的特殊性,无视这种特殊性背后的历史必然性和普遍性;有的学者否定中国农业合作化过程的合理性,认为中国根本不存在集体化,只有"被集体化",直接为土地私有化鸣锣开道。在他们看来,村级集体经济不仅是低效的、落后的,而且是不人道的,是腐败和村霸的"温床"。这些认识的根源有二:一是由于各地生产力发展不均衡,在我国农村改革和发展过程中确实存在不少问题,尤其在一些集体经济"空壳村",问题更严重。在反思这些问题的时候,一些人首先有意无意地将集体经济看作罪魁祸首,而根本不去思考集体经济的弱化所引发的更严重的问题。二是在思想上绝对地、片面地看待公有制经济与非公有制经济的关系,统分结合的双层经营体制中家庭分散经营与集体统一经营的关系,一部分人先富起来与共同富裕的关系,看不到二者的对立统一性。因此,他们看不到或者无视集体经济的先进典型,一提集体经济就立刻与产权不清晰、低效率、管理不善画等号。他们看不到改革开放为逐步发展村级集体经济所准备的物质基础,也无视广大农民群众要求发展集体经济的根本意愿,而一味地不顾实际地强调私有化的改革方向。在他们看来,强调发展集体经济,就是极"左"的表现,就是思想不解放的表现。

2. 一些地方对村级集体经济的发展还缺乏相应的政策支持

在集体经济是保守的、落后的这一不利舆论的影响下,一些地方缺乏集体经济发展的宽松政策环境,造成集体经济贷款难、税收负担重等问题,一些改革政策措施很难落到实处,党的方针政策流于形式。

3. 农村基层党组织建设需要加强

村级集体经济的发展壮大离不开自身本领过强、作风过硬的带头人和强有力的农村基层党组织。早在1987年,中共中央就发出《把农村改革引向深入》的通知,要求农村党支部、村民委员会和合作组织的干部,要由具有献身精神和开拓精神、办事公道、能带领群众致富的人担任。目前,在集体经济实力弱的农村,党员年龄偏高、文化水平较低,党员干部队伍不稳定,党组织凝聚力、号召力、战斗力不强等问题比较普遍。农村基层党组织建设尤其是村级党组织建设成为限制大多数村级集体经济组织发展的瓶颈。因此,加强党的农村基层组织建设,加强党对农村工作的领导,已经成为发展壮大村级集体经济的迫切要求。

4. 集体主义观念有所弱化

集体主义思想是社会主义核心价值体系的重要内容,也是集体经济的灵魂。由于几千年来小农经济的深刻影响,加之小农思想改造客观存在长期性、艰巨性等原因,在社会主义初级阶段条件下,广大农民仍然不可避免地存有某些旧社会的思想和习惯。一些地方"有分无统""重分轻统"的做法,使广大农民多年形成的集体主义精神被削弱。

5. 人才缺乏的状况没有得到根本改善

人才引进和培养成为村级集体经济组织面临的一大难题。目前,绝大多数村级集体经济组织既缺乏懂得现代经济管理的人才,又缺乏农村经济发展急需的懂得现代科学技术的人才。在一些村级集体经济组织中,存在着决策不科学、创业观念淡化、挥霍集体积累、无视集体财产流失、忽视市场经济规律、产品科技附加值低、产品竞争力弱等现象。村级集体经济组织的成员在面对这些问题的时候,更多地表现出无奈。

五、我国村级集体经济发展的前景

村级集体经济是社会主义市场经济的重要组成部分,是提高农民组织化程度的重要载体,是坚持和完善统分结合的双层经营体制的制度基础。村级集体经济的发展,不仅关系到农民的切身利益,关系到农村改革和发展的大局,而且关系到中国广大农民坚持走社会主义道路这一根本问题。在农村改革和发展的过程中,必须不断解放思想,实事求是,一切从实际出发,积极探索村级集体经济的多种实践形式,积极探索发展村级集体经济的多种途径,坚定广大农民走社会主义道路的信心与决心,引导他们走上共同富裕的道路。

有关统计资料显示,目前全国共有 8000～10000 个村级集体经济发展水平较高的村,无论是在东部沿海还是在西北边陲,无论是在彩云之南还是在黑水白山之间,也无论是在中原腹地还是在改革开放的前沿,都有发展村级集体经济的典型代表。为了促进村级集体经济发展,党和政府出台、完善了一系列有关政策和意见,各地也都结合实际,进行着各具特色、卓有成效的实践探索。只要将党的农村政策与村级集体经济的总方向结合起来,我国村级集体经济必将迎来更加广阔的发展前景。

第一章 苏州村级集体经济发展概述

改革开放30多年来,由于农村经济体制改革的推动,工业化、城市化和国际化的带动,苏州农村经济社会发生了翻天覆地的巨大变化,苏州村级集体经济也经历了一个在改革与发展的互动中不断壮大的过程,实现了历史性的跨越。特别是进入21世纪以来,苏州各地坚持把发展村级集体经济、壮大村级实力作为农业和农村工作的中心任务,按照统筹城乡发展的思路,创新体制机制,实现了村级集体经济探索转型升级全省最早、城乡一体化发展富民强村步伐全省最快的现状,保持了村级集体经济又好又快的发展态势。当前,苏州村级集体经济在多年发展积累的基础上,已经站在了一个新的历史起点上,迈入了一个崭新的发展阶段。

第一节 苏州村级集体经济发展的现状、历程与主要做法

一、苏州村级集体经济的发展现状

1. 村级集体资产总量不断增长

2015年年底,苏州全市镇村两级农村集体总资产突破1600亿元,达1610亿元,比上年增长8%,全市1366个村级单位(其中1153个行政村、211个涉农社区、1个稻麦良种场、1个畜禽良种场)农村集体总资产累计达到了680亿元,比2014年增加了60多亿元,增长近10%,

村级集体总资产连续9年保持了两位数的增长速度。全市村级集体净资产达到了914亿元，比2014年增加了100多亿元，增长12%，实现了连续7年两位数增长。其中，村级集体资产规模最大的张家港市，总资产突破了百亿元，达到了107.05亿元，净资产达67.09亿元。吴中区、常熟市村级集体总资产分别达到了86.03亿元、70.94亿元，净资产分别达到了58.07亿元、47.02亿元，分别位居苏州第二、第三位。

2. 村级集体资产质量不断优化

截至2015年年底，苏州全市村级集体总负债比上年增加了19.22亿元，增长11.12%，但由于村级总资产增长速度高于总负债增长速度3.4个百分点，全市村级集体资产负债率进一步下降到了35.22%，比2014年下降了1.08个百分点。村级集体资产负债率最低的姑苏区，2015年仅为2.28%，基本上没有村级集体资产负债。村级集体资产负债率较低的太仓市、昆山市、吴中区，总体控制在31%左右。村级集体的资产经营质量明显优于苏州农村的一般企业。

3. 村级集体经济收入总量不断提高

2015年，苏州全市实现村级集体经济收入超100亿元，比2014年增加了10.5亿元，增长15.22%，实现了连续8年保持两位数的快速增长。村级收入总量最大的张家港市达到了17.38亿元，其次是常熟市、吴中区，分别达到了14.51亿元、14.32亿元。2015年，全市村级集体经济收入增长速度最快的太仓市、工业园区、吴中区，收入增长的幅度都超过了两成，分别比上年增长25.21%、24.55%、22.40%。

4. 村级集体经济实力不断增强

2015年，苏州全市平均每个村级单位集体总资产接近4000万元，村均达到了3992万元，比上年增加了522万元，增长15.04%。村均资产规模最大的工业园区，超过了8000万元，达到了8293万元。姑苏区、吴中区、张家港市、相城区，村均集体总资产都超过了5000万元。全市村均集体净资产达2586万元，比2014年增加了376万元。村均集体净资产规模最大的姑苏区达到了7768万元，接近8000万元。全市村均集体经济收入776万元，比上年增加94万元，增长了13.7%，超额完成年初工作目标3.71个百分点。吴中区、工业园区、相城区和张家港市,村均收入超过或接近千万元,分别达到了1119万元、1057万元、1019万元和950万元,成为苏州村级集体经济实力较强的市(区)。2015年,全市1366个单位中,有99个村(社区)总资产超过了亿元;有82个村(社区)净资产超过了亿元,居首位的吴中区长桥街道龙桥社区,净资产达到了60713万元;有248个村(社区)收入超过了千万元,比2014年增加了10个,其中30个超3000万元、10个超6000万元,张家港市永联村、相城区渭西村和吴中区湖桥村,收入均超过了8000万元,名列全市前三位;全市继续全面实现了村村超百万元的目标,有128个村(社区)经济收入不足200万元,仅占全市村级单位总数的9.37%。

5. 村级集体经济收入增长的稳定性不断增强

村级集体收入结构不断优化,其中村级集体资产资源租赁性收入,2015年全市累计达到了1052亿元,占到全市村级集体收入总量的65.4%,所占比重比2014年提高了近5个百分点,成为村集体经济收入的主要来源。以财产性、物业性收入为主的稳定性收入,2015年全市累计达到了72.59亿元,比上年增加了10.71亿元,增长17.31%,已占到村级集体经济收入总量的76.72%,所占比重在上年基础上又提高了0.55个百分点,成为苏州村级集体经济保持持续、快速增长的重要基础。

6. 村级经济发展的载体不断创新

村级集体经济组织和农村"三大合作"经济组织,不断创新组织形式,健全机制,规范管理,实行了跨区域、跨行业、跨所有制的多层次联合,整合资源、联合经营,抱团发展,创立品牌,扩大市场份额。2015年,依托村级集体的资产、资源,全市新组建合作联社、集团公司26家,累计达104家,开工建设富民载体项目75个,规划建设物业面积335万平方米,其中已经建成151万平方米;实施村级集体经济异地发展,全市共43家,其中4家跨镇,39家跨市区;有57家农村股份合作经济组织投资19亿元,实施了58个"退二进三"物业载体项目参与城市化、工业化建设,在村级管理职能、组织机构、财务核算、资产管理等方面实施"政社分设",切实减轻村级集体负担,促进实现城乡公共服务均等化。

7. 村级集体经济监督管理不断规范

近年来,苏州不断加强村级资源、资产、资金的管理,出台了《苏州市农村集体资产产权登记证管理办法(试行)》,进一步完善了产权登记管理机制。目前,全市98%的村完成了集体经济组织产权登记。加强农经内审,对全市开展"两委会"换届选举的村级单位的主要领导干部任期经济责任进行了专项审计,应审完审面达到100%。

8. 村级集体经济对农民增收的带动作用不断增强

苏州农民人均纯收入连续十年实现两位数增长,2015年达25700元,城乡收入差距缩小为1.9:1,成为全省、全国城乡居民收入差距最小的地区之一。苏州市统计局曾根据马克威统计分析系统对苏州村均集体收入、人均村级集体收入和农民纯收入指标进行过皮尔森相关性检验,发现村均集体收入、人均村级集体收入和农民纯收入的相关系数都高达0.95以上,说明三者之间存在着高度相关关系。因此,广辟渠道发展村级集体经济,对于促进农民增收有着积极作用。

二、苏州村级集体经济的发展历程

村级集体经济的发展变化始终同当时的经济条件、经济环境、经济整体的发展战略相连,农村经济发展的政策制定已经不仅仅局限于农业和农民,苏州的村级集体经济发展早已融入了城乡统筹的一体化进程之中。20世纪70年代后期,苏州就把发展村级集体经济作为深化农村改革、创新体制机制的重要组成部分,村级集体经济迅速发展,实力不断增强,成为苏州农村的一大特色,因此而得以闻名全国。苏州村级集体经济发展的历程,主要经历了四个比较明显的发展阶段:

第一阶段,伴随着从乡镇企业的异军突起到"苏南模式"的形成,苏州村级集体经济完成了由单一的农业生产逐步向以农为辅的多种经营的转变。

这一阶段始于20世纪70年代中后期,以家庭联产承包责任制的普遍推行为基本特征。改革前,苏州村级集体经济以生产为基础,为公社、大队、生产队三级所有,村级集体经济主要依靠来自种植业的积累。

20世纪70年代初,苏州农村开始创办队办企业。1983年,农村家庭联产承包责任制的全面推行,促成了苏州村级集体经济在经营形式上的重大变化。当时苏州地区近5万个生产队中有96%都实行了家庭联产承包责任制。农户家庭生产与村级集体统一服务相结合的"双层经营"替代了单一的集体统一经营,成为农村经营的基本形式,并且有效地解放了农村生产力,包括队办企业在内的乡镇企业因此异军突起、迅猛发展,迎来了农村一、二、三产业并驾齐驱,农村经济全面发展的繁荣时期。1983年苏州非农劳动力98.97万人,占农村劳动力总量的37.36%。到1987年底,苏州非农劳动力达166.41万人,占农村劳动力总量的61.94%。当年乡镇企业总产值已在苏州农村经济总量中占据"半壁江山",其中村办企业、队办企业发挥了举足轻重的作用。伴随着这次农村改革,苏州村级集体经济成功实现了由传统农业经济向工业经济的历史性跨越,成为"苏南模式"的重要组成部分。

第二阶段,村办企业大面积转制,村级集体经济实现了由资产经营向资本经营的转化。

这一阶段始于1996年下半年,到1999年基本完成,主要以乡镇企业大范围产权制度改革为特征。这期间,苏州有1.3万多乡镇集体企业实行了各种形式的产权制度改革。其中,10%转为公司制企业,36%转为股份合作制企业,25%通过拍卖转为私人经营,23%本来就挂着集体牌子的私营企业通过"摘帽"还原了其本来面目,还有6%的企业被兼并或宣布破产。在这一阶段中,绝大多数地方采用"动产出售,不动产租赁,集团公司不撤,注册商标不卖,债权债务相抵后划转"的产权转移做法。因此,村集体投资建造的大部分厂房、绝大部分供电供水供气设施,以及所有企业用地的所有权、使用权,仍为村集体所有。正是由于保留了村级集体这块"自留地",这些年来苏州村级集体经济才出现了稳步壮大的局面。

第三阶段,创新发展农村新型合作经济组织,村级集体经济实现了由所有者主体不明晰到明确的根本转变。

这一阶段从2001年下半年开始,到2007年基本结束。这一阶段,以全面推行农村"三大合作"(社区股份合作、土地股份合作、专业股份合作)为特征,创新发展农村新型合作经济组织。推行农村"三大合作"改革,其目的是要顺应城市化加快发展的新趋势,创新农村组织体系,加快建立与市场经济体制相适应的经济体制和组织机制,发展新型集体经济,恢复其"合作经济"的本质属性,增添新的发展活力。到2015年年初,苏州农村"三大合作"经济组织发展到了4535家,加入农户累计达到了57.66万户,其中:社区股份合作社1288家;土地股份合作社677家,入股土地面积69万亩;专业股份合作社2570家。

第四阶段,统筹城乡发展,推进城乡一体化。

这一阶段从2008年开始,目前仍在进行中。2008年9月,江苏省委、省政府正式批准苏州市为江苏省城乡一体化综合配套改革试点市,11月,苏州市出台了《关于城乡一体化发展综合配套改革的若干意见》。2010年8月,国家发展改革委员会将苏州市列为城乡一体化发展综合配套改革试点联系点。2011年12月,国家农业部正式批准苏州市为"全国农村改革实验区"。这一阶段,苏州以城乡一体化改革发展统领"三农"工作,坚持"三农"与"三化"互动并进,把富民强村作为推进城乡一体化发展的核心任务和关键举措,勇于创新、大胆实践,对村级集体经济发展给予资金补助、土地优先供应、融资支持、税费减免等政策扶持,不断开创富民强村工作的新局面,实现了农村经济持续发展、农民收入持续增加、农村社会持续稳定的目标。

三、苏州发展村级集体经济的主要做法

(一)宏观层面

1. 完善政策制度框架,积极营造良好的发展氛围

市及各地各部门持续出台促进村级集体经济发展的政策意见,在税收优惠、规费减免、资源配置、项目扶持、金融服务等方面形成了做大做强村级集体经济的保障机制和发展环境。一是落实一事一议财政奖补政策。下发三个文件,并制定《苏州市村级公益事业建设一事一议财政奖补操作规程》,对省级一事一议财政奖补资金进行强化监督管理,

拓展村级公益事业建设多方投入的新渠道。二是落实用地政策。加大农村征地留地政策的执行力度,在用地计划中统筹安排村级集体经济发展所需的用地指标。加大流转土地的股份制改革,新增流转土地均以组建土地股份合作社的方式进行经营,全市近50%的流转土地实行了股份化经营。三是落实金融政策。出台《苏州市农村集体资产产权登记证管理办法(试行)》,充分发挥农村集体资产产权登记证的效用,进一步规范农村集体资产产权抵押贷款,放低门槛,扩大担保面,促进了"农利丰"和"农贷通"等担保贷款项目在扶持村级经济发展上发挥更加积极的作用。全市政策性农业保险从无到有,由弱到强,已形成国险、省险、市险、县险四个层次15个险种,为抵御农业自然风险,保障农业增产、农民增收和农村稳定发挥了积极作用。同时,全市还开办了农村小额贷款公司50家,注册规模和数量列全省第一,累计发放贷款130亿元。

2. 坚持多措并举发展,不断增强村级经济实力

因村制宜,引导挖掘各村比较优势,走特色发展之路,多渠道、多形式壮大村级集体经济。坚持按照"四生"功能定位,加快落实"四个百万亩"农业产业空间布局,积极推进"水稻规模化、蔬菜设施化、水产标准化、营销现代化",现代农业呈现快速发展的良好态势。积极推进农业的"合作化、农场化、园区化"建设,加快农村土地流转,加快优势主导产业向农业园区集中,农业规模经营比重达70%。到2015年年底,全市已建成各级各类现代农业园区近200个,其中万亩以上的18个,千亩以上的70个。常熟市在农业资源丰富的村发展"集体农场",通过鼓励、支持农户土地承包经营权流转,委托由村或合作组织统一经营、发展现代高效规模农业,促进了村集体增收。各地继续推进标准厂房、集宿用房、商业用房等生产经营性物业用房建设。

3. 加大改革创新力度,积极构建长效发展机制

各地调整发展思路,调动一切积极因素,集聚一切有利的生产要素,市场运作主体、新型集体经济联合组织不断涌现,通过各种载体、平台优化配置农村集体资源、资产、资金,加快经济结构调整,不断增强村级集体经济实力。一是加快"三置换""三集中"的突破。各地进一步

发挥先导区的示范引领作用,在规划布局、土地资源、社会保障、集中居住、现代农业、"三置换""三集中"等关键环节和关键领域重点突破,取得了以点带面、点面结合、整体推进的积极效果,有效提升了城乡一体化发展水平。目前,全市90%的农村工业企业进入工业园区,88%的承包土地实现规模经营,40%的农户完成集中居住。昆山花桥国际商务区通过加强土地综合整理,发展股份合作经济,推进"三集中",较好地解决了"钱从哪里来"的问题。苏州工业园区加快区镇一体化步伐,813个农村自然村庄全部撤村建居,建成49个社区。二是深化"三大合作"改革发展。各地将发展集体经济与推进农村社区股份合作、专业合作、土地股份合作结合起来,使农村新型合作经济成为集体经济发展的长效机制。目前,全市农村新型合作经济组织正在由数量扩张逐步向质量提高转变,发展水平不断提升,实现了"户户有股份,家家是股东"。据统计,2015年村级再分配中,农户分配达到7亿元,较上年提高了20.3%。高新区全力推进股份合作制改革,镇湖街道、浒墅关镇、东渚镇、通安镇均完成了股改工作,实现了全覆盖,确保了集体经济收入不断增加,集体资产保值增值。工商部门积极帮助农民专业合作社注册商标,利用商标专用权质押贷款,目前共培育注册农产品商标36件。三是创新"三资"管理方式。各地充分运用现代信息技术,完善农村集体资金、资产、资源的信息网络化监管系统。目前,常熟市、太仓市、昆山市、吴中区等地均实现了全覆盖。吴江区委农办、市纪委与相关软件公司联合开发的《吴江区农村集体经营性资产租售管理软件》已在试点村成功运行。2010年12月,吴江通过农村集体资产租售监管平台,对村级资产实现集中的公开、公平、公正竞租,100多名竞租者竞相拍租83宗村级集体经营性资产标的,预计通过这一平台,吴江全区村级集体资产收益每年可增加2000万元。

4. 加快转型升级步伐,积极探索共同发展之路

按照统筹发展的思路,坚持"抓两头、促中间",努力实现村级集体经济同步发展、共同富裕。一是帮扶薄弱村。全面实现苏州市经济薄弱村5年脱贫解困规划目标任务。各地积极推行机关、企业、村与村结对帮扶,对经济薄弱的村实行财政专项转移支付,免除村级统筹,减轻村级负担。积极引导和鼓励贫困村脱贫转化,鼓励其通过投资入股,以土地资源参股等方式联办、联建工业园区,增加收入。出台生态补偿意见,以直接承担生态区域生态保护责任的乡镇政府(含涉农街道)、村委会(含涉农社区)及农户为补偿对象,并设定基本补偿标准,通过财政转移支付,对因保护和恢复生态环境及其功能,经济发展受到限制的地区给予经济补偿。相城区率先在全市建立了生态补偿机制,共涉及5个乡镇(街道),共计17个村(社区)。明确村(社区)户籍人口3000人以上的,每年补偿30万元,3000人以下的,每年补偿25万元的标准。二是探索创新路。积极支持各地探索实践,组建市场化的集团公司,突破农村股份制改革瓶颈。吴中区临湖镇湖桥村的物业股份合作社、社区股份合作社和生态农业股份合作社共同出资6500万元组建"湖桥集团",通过整合资源、资产、资本,进一步做大做强合作经济,拓展集体经济发展空间。2015年,全村集体总资产突破5亿元,村级总收入突破9574万元,农民户均股红分配达到6000元。三是推广好典型。积极总结各地先进经验,每年都以苏州农村工作和城乡一体化简报的形式编发专题调研报告,供各地在发展村级集体经济时参阅借鉴。一些调研报告,如《一个经济薄弱村如何变为村强民富的和谐社区——相城经济开发区泰元社区建设发展之路》《昆山市玉山镇发展村级经济措施扎实》《相城区率先建立生态补偿机制》《相城开发区常楼社区股份合作社在全省率先登记为农民专业合作社法人》《太仓市农村劳务合作社发展取得明显成效》《合作社如何走向市场——湖桥村合作社"抱团"组建集团公司的实践与探索》等,均引起热烈反响,起到了很好的典型示范和带动作用。

(二) 微观层面

苏州各地在发展村级集体经济的实践中,以市场为导向,立足资源优势,搞活资产经营,开发主导产业,涌现了一批依靠集体经济致富的典型,初步形成了多渠道、多类型、多元化的发展格局。

1. 做强主导产业,促进村级集体经济发展

通过做大做强主导产业,形成块状经济,促进农村劳动力充分就

业，从而改进农村基础设施建设，带动农村各项福利事业配套执行到位。常熟的梦兰村和梦兰集团、蒋巷村和常盛集团，张家港的永联村和永钢集团等，都是做强主导产业，村企联合发展的典型。张家港南丰镇的永联村是全国著名的"钢铁村"，多年以来，永联村和永钢集团一直实行村企合一的发展模式。伴随着村企经济的不断强大，永联村村民享受到了越来越多的福利。村级公共设施建设，农民新村建设，老保、医保、低保的建立，文化、教育事业的发展都由村集体来承担。为了更好地服务农民，吸收剩余劳动力，永联村党委和永钢集团公司在永钢集团部分岗位上选用大龄村民，帮助大龄农民解决工作问题，切实提高农民经济收入。

2. 依托区位资源优势，促进村级集体经济发展

一些紧邻城镇的村，地理位置优越，市域、镇域经济带动作用明显。尤其是城市近郊的镇村，村级经济起步早、发展快。如常熟新港镇借助常熟滨江新城建设机遇，着力规划部署小城镇建设，并打造农贸市场、建材市场、农副产品批发市场等，积极鼓励和引导农民从事第三产业。目前，全镇已有6000多农民经商，他们不仅在当地做买卖、搞流通，而且还把本地的服装、农民画、红木家具等"土特产"推销到国内外市场，同时也从国内外市场带回良种、技术、信息等财富，为当地农民架起勤劳致富的桥梁。

3. 发展股份合作，促进村级集体经济发展

在探索村级集体经济发展新模式的道路上，苏州一些村级组织很早就进行了尝试。吴中区的金星村、太仓的太星村、昆山的群谊村、张家港的城南村等都是"三大合作"发展的典型村。这些村通过实行股份合作经营，按照自愿原则，吸收村级集体、农民入股，进行资本运作，创办经济实体，盈利按股分红，促进集体增收，使农户得益。例如太仓市的太星村，2005年，全村农民将农田包括口粮田全部自愿流转出来，组建土地股份合作，租赁给苏州和太仓等四家苗木公司，农民的土地全部由花木公司打理。实行股份制改革时，太星村明晰集体产权，创新运行机制，通过"量化集体资产"、吸纳"农民增量股"等形式，对生产要素进行重新组合，让农民群众享受到更多的实惠，使土地增值，农民增收，传统农民"非农化"。2015年,太星村农民人均纯收入达26000元以上。

4. 发展三产服务业,促进村级集体经济发展

一些村按照强村富民目标,以富民工业区为载体,为企业创造宽松环境,搞好配套服务,切实提高农民的收入水平。以太仓沙溪镇松南村为例,村里通过"统一规划、统一设计、统一建设、统一管理、统一出租经营、产权独立、收益归村"的形式,建成了以五金、化纤、纺织、电子、塑化、材料等行业为主的富民工业小区,目前已入驻企业20余家。村里还依托工业小区建设,建造了打工楼、农贸市场等物业设施,使富民工业区的各项配套设施不断完善。像松南村这样建立富民工业区促进村级经济发展的典型例子还有很多,村里通过租赁集体资产、建设标准厂房和出租打工楼等多种途径,盘活了存量资产,为村级经济的发展奠定了良好的基础。

5. 引导特色旅游,促进村级集体经济发展

一些临湖、临风景区的村,利用自身自然资源优势,大力发展特色旅游,完善配套设施,农民、集体双得益。近年来,昆山巴城以大闸蟹经济为主的三产旅游业发展迅速,参与到这一产业链中的农户占全镇农户的60%以上。在发展特色餐饮的基础上,镇、村还在消费核心区内进一步规划了休闲观光农业区,建有葡萄沟、景观长廊、葡萄庄园、休闲垂钓区等旅游观光点,可以在时间和功能上与巴城特有的大闸蟹经济相接轨,带动农民致富。吴中区的三山岛、旺山,常熟的沙家浜、李袁村,吴江的同里,相城区的阳澄湖等也都是苏州特色旅游带动村级经济发展的典型。

6. 发展现代农业,促进村级集体经济发展

一些农业生产条件较好的村,积极发展现代农业,转变农业发展方式。目前,苏州共有万亩现代农业示范区23个、千亩现代农业示范区78个,总面积60万亩,拥有国家级农业龙头企业4家、省市级龙头企业139家。同时,实施农产品品牌战略,围绕特色做文章,不断提高"苏字号"农产品在市场上的竞争力和影响力,阳澄湖和太湖大闸蟹、东山和西山碧螺春茶、苏太猪、巴城葡萄、董浜蔬菜、凤凰水蜜桃等一批有苏州特色的农产品进一步培育壮大。通过开展现代营销,与超市、宾馆对接,发展连锁超市和专卖店,连续举办葡萄节、蟹文化节、果品交易会、农展会、广场交易会等节庆活动,有效带动了村级集体经济的发展。

第二节 苏州村级集体经济发展的经验、问题与未来展望

一、苏州村级集体经济发展的经验

苏州村级集体经济发展之所以取得喜人的成绩,概括起来,成功经验有以下四条。

1. 领导高度重视

苏州市委、市政府主要领导和分管领导始终把发展壮大村级集体经济放在突出的位置,作为"三农"工作的中心任务。在工作部署中,把强村列为推进新农村建设和城乡一体化发展的重点,紧抓不放,常抓不懈。在资源配置、财力支持、政策扶持等方面向村级倾斜,激发和调动了各地发展村级集体经济的积极性;各市(区)、各镇党委、政府把发展村级集体经济作为经济社会发展的一项重要工作,理清思路,统筹规划,明确目标,强势推进;各村党组织和村委会把发展村级集体经济作为重要任务,坚持因地制宜,发挥各自优势,宜工则工,宜农则农,宜三产则三产,寻求发展路径,广辟增收渠道。市、镇、村三级拧成一股劲,上下一条心,凝聚起发展村级集体经济的强大合力。

2. 政策完善配套

为促进村级集体经济发展,苏州先后出台了关于推进社会主义新农村建设、加快推进农村改革发展、加强农村集体资产管理、加强农村集体财务管理、开展三轮扶持集体经济薄弱村、村主要干部报酬统筹、发展农村合作经济组织、发展合作农场、村级"四有一责"建设、推进农村经济转型升级、推行农村集体"三资"信息化监管、调整农村集体资产租赁指导价、加强撤村建居后农村集体资产与财务管理和规范村集体

经济组织相关会计核算等多个指导性文件,这些文件,有明确的发展目标、扶持政策和工作要求,对发展村级集体经济起到了导向作用,保障了强村工程的顺利实施。

3. 工作措施得力

建立和完善工作推进机制。一是例会推进。以村级可支配收入额的高低划分若干个方阵,市委农办定期召开例会,通过汇报情况、现场观摩、交流经验、取长补短、分析问题,创新思路、共谋发展。二是督查推进。对发展村级集体经济进行专项督查,特别是对物业经济发展中标准厂房建设的启动和进度加强检查,督促进度,使物业项目尽快竣工投运,尽早获得投资收益,并督促各项工作措施的落实。三是考核推进。把发展村级集体经济列入城乡一体化改革发展重点工作考核内容,设置村级集体资产增长率和村级可支配收入增幅指标。年初定指标,年末抓考评,考核结果与年度奖金、先进评比挂钩。四是激励推进。对集体经济强村每年进行表彰奖励,激发争先进位的干劲。将为发展村级集体经济做出突出贡献的村党组织书记录用为乡镇公务员,将村级经济发展取得显著成效的村"两委"主要领导挂靠事业编制,调动村主要干部发展集体经济的积极性。

4. 基层组织坚强

发展村级集体经济,关键要有群众拥护的"双强"(思想政治素质强、科学发展能力强)村党组织带头人。近年来,苏州创新村级主要干部培养选拔方式,坚持德才标准,拓宽选人渠道,注重从本村优秀现任村干部、带头致富能人、退伍转业军人、返乡创业人员等党员中选育"双强"党组织书记。改革选任方法,坚持民主、公开、竞争、择优,采取公推直选、公开选拔等多种形式不拘一格选拔优秀人才,并加大对村党组织书记教育培训的力度,提高其素质,增长其才干。切实加强村党组织建设,使村党组织成为执行党的农村政策、推动富民强村、服务农民群众、维护社会和谐稳定的坚强核心。

二、苏州村级集体经济发展存在的问题

近年来,苏州村级集体经济发展虽然取得了巨大的成效,但股权结

构还不尽合理,管理方式还比较粗放,产业层次还不高,局部地区行政化倾向还较为明显,市场化理念、国际化视野、现代化手段均有很大的提升空间。在村级集体经济发展的推进过程中,还存在体制、机制、运行方面的一些具体问题和困难,主要表现为以下几个方面。

1. 思想认识和能力还不到位

消极滞后的思想观念成为村级集体经济发展的"软阻力",有的干部认为村级集体经济是计划经济的产物,在国有企业、乡镇集体企业纷纷改制的背景下,市委、市政府又提出了打造民营经济的目标,认为村级集体经济应该让位于个体私营和民营经济。还有的干部认为,在市场经济环境下,谁有本事谁致富,有无集体经济无关紧要,村级集体经济能保证村里的日常开支即可,不必追求发展壮大,村级集体经济搞不好还要担风险。有的干部缺乏发展村级集体经济的开拓创新精神和抓经济发展的能力,在村级集体经济发展中迈不开"步子",找不到"路子"。以上这些因素制约了村级集体经济的发展空间,为发展村级集体经济留下了"盲区"和"空白"。

2. 法律规范尚不健全

村作为乡镇政府的延伸,村级集体经济组织在性质上既是经济组织,又是管理组织。它不同于一般的事业法人和企业法人,在城市化、工业化推进的发展过程中,一定程度上掌握着市场经济条件下最重要的生产要素之一——土地资源,村级组织是以土地为基础的特殊组织。但由于村级集体经济组织不是具有明确法人地位的市场主体,在产权、管理、经济运作等机制上还不完善,法律规范尚不健全。

3. 经济管理人才缺乏

村级组织受地理环境、财政状况等方面的限制,在人才引进、用才观念和方法上相对落后单一,对人才引进开发的投入不足,人才资源配置市场化程度偏低。在管理体制上,现行的人才管理体制较难调动人才的积极性。在政策环境上,人才政策还不够完善配套,人才施展才能的空间还不够宽松。另外,村级工资待遇相对较低,缺乏吸引人才、引进人才、留住人才的物质基础。

4. 村级集体经济管理不够规范

虽然名义上集体财产属于集体经济组织的所有成员,但单个成员并不直接行使农村集体资产的各项权能,而是将集体资产委托给村集体经济组织,村集体经济组织进一步将集体资产委托给具体的经济主体。因此对代理经济主体的激励约束、信息传递机制显得尤为重要。然而,现行的村级集体经济委托代理关系不清晰,监督、激励机制尚不健全,集体经济内部存在一定的效率损失。

5. 村级集体经济的主体收入比较单一

虽然苏州在发展村级集体收入上不断创新思路,村级集体经济不断寻找新的发展方向,形成了多样化的发展模式,但主体收入仍然是土地、房产、设施出租收入。村级集体经济的主体收入部分对企业依赖性较强,而且收入来源的单一化趋势日益显现,一旦企业效益不好或从村内迁出,对村集体经济影响较大,加大了村级集体经济的波动性。

6. 村级集体经济未来可能存在潜在制约因素

在未来发展过程中,土地的稀缺性可能成为制约村级集体经济发展的主要因素。随着近郊土地逐步纳入城市建设规划,村级集体经济发展可利用的土地资源减少,并且土地比较零散,发展用地较少。拓宽村级集体经济发展模式,寻找更多的村级集体经济发展路子,是探索村级集体经济发展的重要方向。

三、苏州村级集体经济发展的未来方向与工作重点

推进村级集体经济发展,关键在于领导重视、镇级统筹、各方支持。预计到"十三五"末,苏州村级集体经济总量将突破2000亿元,村均稳定收入将超过800万元。下一步,苏州各级各部门将切实把村级集体经济发展摆上重要位置,真心实意给予支持,真抓实干推动落实。各地也将明确富民强村工作目标,细化富民强村工作措施,加大富民强村工作考核,促进股份合作经济同外资、民资、国资多轮驱动,共同发展。要坚持在统一规划的前提下,把好的资源配置给集体经济组织,把优质的项目交给集体经济组织建设,同时进一步健全用人导向,配强工作班

子、规范管理制度、完善激励机制，促进股份合作经济转型升级、创新发展。要按照苏州作为综合配套改革试验区的要求，牢固确立发展股份合作经济就是发展富民经济的理念，充分尊重基层的首创精神，善于总结基层的成功经验和做法，勇于破除不合时宜、阻碍发展的条条框框，在土地、资金、规划、资源配置等方面倾力支持。

（一）苏州村级集体经济发展的未来方向

发展壮大村级集体经济是加快城乡发展一体化步伐、促进农民收入持续较快增长和巩固党在农村执政基础的迫切要求，也是深入推进新农村建设、发展农村公益事业、维护农村社会和谐稳定的重要支撑。下一步，要把握形势、抓住关键、创新举措，推动全市村级集体经济发展再上新台阶、实现新跨越。

1. 创新发展模式，发展多种形式的村级集体经济

从各地实际出发，坚持因地制宜，努力探索多元化、多样化、多业化复合型的村级集体经济发展新路子。一要走异地发展之路。异地发展是拓展村级集体经济发展新空间的有效途径，既能防止"村村点火、处处冒烟"的"零打碎敲"，又能节约土地资源、发挥规模集聚效应。要以镇（区）为单位，进行科学规划，统筹资源配置，在符合土地利用总体规划、城乡建设规划、产业布局规划和集约节约利用土地的原则前提下，置换集体建设用地或各村留用地，在镇（区）的工业园统一规划建设标准厂房、集宿楼和仓储物流等物业设施，所形成的房屋、建筑物等固定资产以各村实际投资额明晰产权，量化各村股权，组建区域性股份合作联社作为经营主体，统一经营，统一管理，按章运作，投资收益按股分配。二要走抱团发展之路。抱团发展是推进村级集体经济转型升级的新举措，又是突破土地瓶颈制约的一着好棋。可以集聚各村集体资本，组建集团有限公司，以各村联合形成的资本实力，参与工业化、城镇化、农业现代化推进中的项目开发，特别是要瞄准三产（服务业）这一投向。也可跨区域投资经营盈利性项目。还可以收购、回购资产资源进行开发，使村级集体经济组织从原来的资产经营转型为资本经营，以这一新型的经营方式来获取最好的投资收益回报。三要走资源开发之路。对原村办集体企业改制后所占用的集体建设用地及集体房屋、建筑物进行清理整合,凡属浪费资源的必须进行改造提升。对破旧零星的建筑物由村级进行翻新,向"空中发展",增加建筑面积,租赁给企业使用,挖潜提高村级集体收益额,实现环境改善、优化和村级集体增收的"双赢";支持村集体经济组织结合农村环境整治、河道疏浚等,开发、盘活集体水土资源,发展资源型经济。村庄整治、宅基地整理所节约的土地应归村集体所有。对村集体经济组织创办合作农场统一经营的土地和经复垦后新增的土地,要扶持村集体经济组织开发现代农业项目,在发展高效种养业上增加收入。四要走资本扩张之路。鼓励村级集体经济组织牵头创办投资性富民合作社,吸纳农民投资入股;社区股份合作社可按生产发展需要,增设现金股,由农民自愿投资入股。合力发展新型集体经济,促进村级经济发展和农民收入的持续增长,并搞好资本运作,实现村级集体资产最大限度的增值。五要走多业发展之路。除了经营好村级现有集体资产和发展物业经济外,开辟村级组织发展新领域,大力发展服务型经济,可以采取"退二进三"法发展农村服务业,鼓励村级集体经济组织为农户提供产品营销、农资供应、农机作业、病虫害防治、技术咨询等服务。对自然资源丰富、生态环境优良、文化底蕴深厚的特色村,支持其发展生态休闲旅游等观光农业项目,帮助村集体经济组织在经营和服务中增加收益。

2. 创新发展机制,推动村级集体经济发展

加大改革力度,加快推进村级集体经济组织经营管理体制改革,不断增强村级集体经济发展活力。一是健全村级集体经济组织。要按照稳定和完善农村基本经营制度的要求,在村一级建立健全集体经济组织。二要深化社区股份合作制改革。社区股份合作制改革要以明晰产权主体、理顺分配关系、规范经营行为为主要内容。对已经实行股份合作制改革的村,要进一步完善内部治理、集体资产保值增值机制和利益分配机制,确保集体经济收入不断增加、农民所得实惠不断增多、基层组织凝聚力不断增强。对于原来资产规模不大,经营性资产不多,经过近几年滚动发展资产积累达到一定规模的村,应尽快组建社区股份合作社,将集体资产折股量化到农户,让农民增加财产性收入。三要完善

集体资产管理运行机制。市、镇两级农经部门要加强对村级集体资产的监督管理,充分发挥信息化监管作用,确保资源性资产有效开发、经营性资产保值增值、非经营性资产完整保护。村级要切实加强集体"三资"管理,严格执行各项管理制度,保证安全、高效运行。四要控制村级非生产性开支。增强村级经济实力,重点抓"开源",但也不能忽视"节支",在努力增加收入的同时,压缩非生产性开支。必须编制年度收、支预算,按计划执行,对村主要干部按工作量核定费用包干,坚决杜绝滥花乱用的现象。村级财务收支情况要全面公开,接受民主监督。

3. 落实政策措施,营造有利于发展村级集体经济的良好环境

一要落实好财税政策。继续加大对发展村级集体经济的财政支持力度,市、镇(区)两级财政要安排专项资金,扶持村级经济发展。要把整合各类惠农支农项目资金与发展村级集体经济紧密结合起来,优先安排村级集体经济组织实施土地整理、资源开发、物业建设等项目。各级财政投入形成的经营性资产,应界定为村级集体所有。要落实税收地方留成部分奖励到村的政策,对村级集体自办、联办的经营性项目新增的地方财力,按一定比例返还到村。对发展村级集体经济做出突出贡献的农村基层干部,要给予表彰奖励。二要落实好用地政策。农村土地增值收益应主要留在农村,留给村级集体经济组织及其成员。应对历年因开发建设征用的农村集体土地按补偿政策全面进行清理结算,维护村级集体经济组织及其成员的合法权益。农村宅基地和村庄整理所节约的土地,调剂为建设用地的,要优先满足村级集体建设需要,加大农村土地征用村级集体留用地政策的执行力度。市、镇(区)政府在年度用地计划中,要统筹安排村级集体经济发展的用地指标。三要落实好金融支持政策。金融机构要切实改善对农村集体经济组织的金融服务,将符合授信条件的村级集体经济组织列为优先支持对象,增加授信额度。具有一定资本实力的村,可以参与小额贷款公司和镇村银行建设。四要落实好帮扶政策。对集体经济相对薄弱的村要开展多层次、多形式的帮扶活动。动员和组织各方面力量,加大帮扶力度,把帮扶的任务、项目、措施落实到村。从发展规划、产业项目、资金支持等方面进行扶持。鼓励村企自愿挂钩、合作开发,实现企业与村集体经济

组织之间在信息、技术、资金、劳力、土地等生产要素上的优势互补,形成"以企带村、以村促企、互利双赢"的发展机制。

(二)工作重点

1. 做大做强新型集体经济

发展村级集体经济,走共同富裕道路,是苏州农村改革 30 多年来的最大特色和亮点,对于加快推进城乡一体化、率先基本实现现代化具有十分重要的意义。从现代化的指标要求来看,居民收入是一项核心指标,最大的难度在于农民增收,而发展新型集体经济是增加农民投资财产性收入、促进农民持续增收的重要而有效的途径。从富民强村的现状来看,尽管苏州农民人均纯收入处于全省全国领先地位,城乡收入差距为全省全国最小地区之一,但总体来看,富民速度还相对滞后于经济发展速度,城乡收入差距与发达国家 1∶1 的水平相比还有不小的差距。这就要求苏州进一步拓宽增收渠道,在促进就业创业、提高保障水平的同时,大力发展新型集体经济,提高投资财产性收入,促进农民增收。对新型集体经济发展,要在政策上扶持,在思路上拓宽,在办法上创新,不能因为工业化、城市化的推进而"稀释"了这一块富民经济的发展,忽视了农民持续增收长效机制的构建,要推动新型集体经济做大做强,为农民增加投资财产性收入打开空间,让农民从源头上更多地分享改革开放的成果。

2. 推动新型集体经济阶跃提升

经过近年来的加快发展,苏州新型集体经济取得了长足发展,但在规划水平、产业层次、集聚程度、管理能力等方面还有很大潜力和提升空间。下一步,关键是在继续做大规模的基础上,在形态上做优,在业态上做强,在管理上做精,实现从"量态"到"质态"的阶跃提升。一要提升业态。发展新型集体经济,不仅仅是传统意义上的造打工楼、建标准厂房、搞物业,更应积极参与新城建设、老镇改造、古村开发等,向建设创新创业载体、投资科技孵化平台、发展楼宇经济、做大税源经济、跨区域收购优质资产等拓展延伸。要坚持高点定位,紧贴转型发展,摒弃粗放型、资源型、小而散、低效化的发展老路,无论是搞一产、二产还是三产,都要向新型产业、高端产业、优质产业主动对接,创新拓展。总的目标是新型集体经济发展一定要同产业转型升级、城市提档升级等大的发展趋向"合拍共进"。二要提升形态。强化政府引导、规划引领,跳出"村村点火"的地域局限,打破镇村等行政界限,在更大范围内统筹规划,在更高层次上整合资源,优化空间布局,集聚生产要素,善于用市场化手段实现异地发展、联合发展、抱团发展、集约发展。三要提升管理水平。股份合作经济是新型集体经济的主要形式,体现了"核心是发展,精髓是创新,活力是走市场经济之路,精华是走共同富裕道路"的苏南模式的本质内涵。新型集体经济的发展,要在前些年强调"合作"的基础上,更强调"股份"的概念。强调"合作",突出的是政府引导,为的是动员农民、组织农民,促进共同创业,实现共同富裕。强调"股份",就是要按照现代企业制度的要求,鼓励股份合作经济与其他经济成分融合发展,更加科学地设置股权结构,更加优化企业内部的治理结构,更好地促进项目、资金、财务等的规范化管理。四要提升富民水平。始终突出富民优先,寻找发展集体经济与促进富民的最佳结合方式。鼓励农民增资扩股,通过"债转股、息转利"等途径,既有效解决融资难题,更有效拓展富民空间。要正确处理好积累与分配的关系,合理确定资产收益用于发展再生产、股份分红、管理费用的比例,逐步提高股份分红水平,提高农民投资财产性收入比重。

3. 加大金融支持富民强村力度

发展新型集体经济、实现富民强村,既要动员广大群众积极参与、增资参股,更离不开现代金融的强力支撑。要进一步拓宽思路,加大对现有金融政策的研究和宏观形势的研判,善于谋划资本运作,通过积极组织银团贷款、债券发行、私募基金设立、信托以及扶持有条件的股份合作集团上市等多种途径,不断拓宽金融支持富民强村渠道。要进一步做大平台,以市(县)区、镇为单位,通过政府加大扶持,集聚优质资源,策划优质项目,以股份为纽带,加大与国资等经济主体联合,做大规模,做大平台,为争取金融更大的支持创造条件。要进一步加强银社对接,加大股份合作经济宣传推介力度,让更多金融机构通过了解股份合作经济的强大活力和发展空间,主动对接,主动服务。

4. 创新落实富民强村各项政策措施

在城乡一体化发展综合配套改革的过程中,省政府出台了18条政策,苏州也出台了一系列政策文件。对于这些政策,关键要在落实上下功夫。已经明确的政策,要注重加强各方协调沟通,坚决贯彻落实到位。比如,土地拍卖收入返还政策、土地增减挂钩政策、10%"留用地"政策、农民集中居住区供电配套优惠35%的政策、股份合作经济实行综合税率5%的政策等,要进一步细化实化,创造性地落实好。要本着有利于富民强村和城乡一体化改革发展向纵深推进的原则,进一步加大政策研究和创新力度,既保持政策的连续性和稳定性,又要敢于破除体制机制和政策上的瓶颈制约。要进一步解放思想,放于放胆,充分尊重基层首创精神,鼓励基层创新创造,不断增强发展新型集体经济的活力。

第二章　村企合一发展村级集体经济

概　述

苏州农村改革发展30多年来,集体经济主导的发展模式是最为重要的篇章。在提高农业综合生产能力、建设现代农业的过程中,在发展农村经济、增加农民收入的过程中,在发展农村社会事业、提高农民保障水平的过程中,在缩小城乡差距、构建和谐社会的过程中,农村集体经济起了巨大的历史作用。一些村级组织因各种原因而形成了"村企合一,以企促村,村企共建"的经济发展方式,造就了一批经济大村、明星村、重点村,也造就了一批企业家、高层管理者、经济带头人,并且,时至今日仍然为苏州农村的经济发展发挥着巨大的作用。

所谓"村企合一",是指村级组织在发展过程中,作为村级政治组织的党委或党支部、作为村级社会组织的村民委员会和作为村级经济组织的村办企业合三为一的模式,这在苏州农村经济"社队企业"大发展的阶段是主流。"村企合一"集中体现为党政企三位一体的领导班子统一领导,充分发挥基层民主集中的优越性,权责分明,决策高效,同时,"村企合一"又使村办企业找到了产业发展的组织载体,将农村生产要素进行了优化组合,对提升农业规模和水平,壮大农村集体经济起了重要作用。"村企共建",是农村集体经济转型后村企合作模式作出的新调整。村级企业经过转制或者股份化,集体资产退出或者部分退出,企业和村的关系,从三位一体变为携手共建、携手共进的新形式。一方面,企业从村级组织中独立出来,在市场经济条件下自主经营,自负盈亏;一方面,企业又通过以工哺农、分红奖励等村企共建的形式,支持村的发展。在企业财力支持和经营管理理念的影响下,这些村级组织的各项工作得以快速发展,村级经济实力迅速增强,探索出了一条企业与农村共同发展、和谐发展的新路,让农民切身体会到了企业发展带来的成果,也增强了村级组织的凝聚力和号召力。

一、村企合一发展村级集体经济模式的发展阶段

在苏南农村,村企合一发展村级集体经济模式的发展,大概可以分成如下几个阶段,也具备了一定的形式。

1. 社队企业发展阶段

20世纪80年代,随着中央对农村改革的推进,一些以乡镇、村为主体的社队企业逐步得到成长壮大。党的十一届四中全会明确提出"社队企业要有一个大发展",伴随着社队企业的快速发展,农村集体经济实力不断增强,农民收入迅速增加,农村面貌开始变化。到1985年,苏州乡镇企业的产值已经占到全市工业总产值的"半壁江山"。这一阶段,由于市场对产品的渴求,社队企业的经营普遍良好,为当地农村发展提供了资金支持,乡镇、村的领导班子既管一级政治组织,也管生产经营,集中式的经营决策体系带来了良好的效益。

2. 集体经济的发展阶段

本阶段的苏州村办企业,呈现出典型的"苏南模式",所有制结构以集体经济为主,依靠村组织自身的积累投入发展,企业以市场取向为主,率先进行依靠市场指导发展经济的探索和实践,坚持按劳取酬、多劳多得的分配方式,兼顾国家、集体、个人三者利益,走共同富裕的道路。这一阶段的村级集体经济,呈现出百花齐放的特色,集体资产得以大幅提升,农村面貌得到较大改善,管理团队为企业发展和村级组织壮大作出贡献,一批具有市场意识的经营管理人才逐步成长。

3. 多种经济形式影响阶段

20世纪90年代后,随着市场变化和企业改制,苏州农村经济的所有制结构发生较大变化,从以集体经济为主,转为集体经济、外资经济、

民营经济、股份制经济多元并存的格局。村级组织退出对企业的直接掌控和管理,重心转向为发展经济服务,为城乡统筹服务,通过积极引导农民就业创业,建立农民增收的长效机制,加强农村社会保障,确保农民共同致富。这一阶段,一些发源于村办企业的大型企业集团、股份制公司涌现,为支持帮扶村级组织发展作出努力,企业反哺农村,企业带头人无私支持农村建设,百姓生活水准提高,村庄各项建设进入一个新的时期。

二、村企合一发展村级集体经济模式的特点

根据发展阶段的各种形式,村企合一发展村级集体经济模式体现了一些较为集中的特点,包含的内容也较为具体,主要有以下几方面。

1. 有一个好的企业,为农村经济发展提供源源不断的动力

在村企共建的发展历程中,涌现出一批经济实力雄厚的大企业,这些企业多半成为支持村级组织发展的骨干力量。企业源于当地的社队企业,在乡村成长,在乡村壮大,农村的载体成就了企业现在的辉煌,企业对农村有着深厚的感情,在企业壮大后,不断回报当地农村,为村级组织的发展和当地农村的社会进步提供了源源不断的动力。

2. 有一个好的领导,为企业发展和农村发展奉献才智

在村企共建的发展历程中,带领企业发展的带头人,是为当地农村作出贡献的标杆。越是在贫困村、薄弱村成长,这些带头人越是有着一种改变当地面貌、让农民过上城里人幸福生活的渴望。他们引领企业发展,引导村民兴办实业,把村民培养成产业工人。他们改变乡村面貌,加强农村社会建设,打造新型农村。

3. 有一个好的模式,让企业长效支持农村全面发展

经历了企业发展市场化、企业改制后,一些植根于乡村的企业在改制过程中,主动为村集体留下了相当比例的集体股份,或是无偿捐助了大量的奖金和分红,支持村级组织发展。永联村的永钢集团,改制时为村里留下了25%的集体股份,这一项为村里留下了8000万元的可支配资金;康博村的波司登集团,将重奖带头人高德康的大量奖金,无偿赞

助给村里建设康博苑小区,建设标准厂房,等等,带来农村长效发展的力量。

4. 有一个好的机制,让各级部门提供全力支持

苏州各级政府和职能部门,在农村经济发展和企业运行的政策上,始终有超前的意识和开明的作风,因村制宜,分类指导,合理规划各村级组织的发展方向,对其给予较为宽松的发展环境。通过搭建合作平台,加大对龙头企业的扶持,加强农村基础设施建设,推进农村基层组织建设,做好监督和监管工作,为农村经济社会发展提供全力支持。

三、村企合一发展村级集体经济模式的意义和影响

村企合一发展村级集体经济这一模式,给苏南农村的集体经济发展带来了较为深远的意义,也对村级集体经济发展产生了巨大的影响力。

1. 村企合一大力发展了农村社会生产力

在村企合一发展模式的影响下,农村经济得到空前发展,亿元乡、千万元村层出不穷,村级企业在发展过程中通过工业发展反哺农业,促进了农村现代农业的发展,农田基本建设和农业科技化水平不断提高,农村富余劳动力进入集体企业,逐步成长为产业工人,农村集体经济收入成为村级经济发展的动力。2015年,苏州农村集体总资产达到1610亿元,村均稳定性收入达到776万元。

2. 村企合一大幅增加了农民的收入

村企合一的发展模式带来了产业结构的优化和农民收入的增加。1970年,苏州农民人均收入为102.05元;到1992年,农民人均纯收入达到了2001元,增长了18.6倍;2015年,苏州农村常住居民人均可支配收入超过5580元,是1970年的250.7倍。第二产业、第三产业成为农民收入增加的重点,收入的增加也改善了农村的生活条件,农民开始了创业兴业之路。

3. 村企合一促进了农村基础设施和公共事业的发展

以乡镇企业为始的农村经济发展,使基层政府可以利用企业的收

益建设乡村的农田基本设施和农村道路、医疗、教育、文化、服务业以及市政设施,主要企业支持农村发展的资金数量巨大,如梦兰村累计用于农民新村建设、生态环境、社会保障以及公益事业的总投资超过2亿元。到2015年,全市农村劳动力非农化转移率超过90%,城镇化率接近80%,苏州农业综合机械化率达到88.3%,全市92%的农村工业企业进入工业园,91%以上的土地实行规模经营,58%的农民集中居住。

4. 村企合一培养了一批现代企业的带头人

乡村企业在几起几落的历练中,练就了紧跟市场经济规律、不断进步的本领,抢抓了市场先机,涌现出一批知名企业,如沙钢集团、永钢集团、波司登集团、梦兰集团、永鼎集团、亨通集团等。同时,在"苏南模式"的影响和创新下,一批具备较强市场意识、较高管理能力的集体经济实践者也逐步锤炼成才,他们或成为今后上市企业的高层管理者,或成为家大业大的农村集体经济的引路人、带头人,如沈文荣、吴栋材、高德康等。

5. 村企合一为社会主义新农村建设作出贡献

苏南经济的发展,一直包含着"两个文明一起抓""两手抓、两手都要硬"的优秀特质,即一边抓好经济发展,一边搞好精神文明建设,乡、村集体自觉率先保持和完善农村社会保障制度,鼓励和发展农村"三大合作",抓好农民素质提升工作,注意农村环境和生态保护,抓好基层党组织建设,为和谐社会作出贡献。

案例一 永联村：村企合一发展村级经济的新苏南模式

一、概述

被誉为"华夏第一钢村"的永联村，位于张家港市东北角，面积达12平方千米，村民有11000人。长期以来，以吴栋材为首的村党委一班人，坚持走"以钢兴村、以钢强村"的发展道路，大力发展村级经济，造福一方群众。村党委先后被中央组织部等单位授予"全国先进基层党组织""全国基层农村'三个代表'重要思想学教先进集体""江苏省社会主义新农村建设示范村""全国文明村"等称号，是苏州面积最大、人口最多、经济实力最强的"苏州首富村"。2015年，村集体拥有25%股权的村办企业——江苏永钢集团实现销售收入258亿元，利税总额13亿元，村级可支配收入1.35亿元，在全国64万个行政村中，经济总量和综合实力位居前三。

二、发展历程

1. 围垦建村

1970年2月，张家港市的前身沙洲县组织数千民工围垦了0.54平方千米的长江沙洲，称为"70圩"。1971年秋至1972年春，由参与围垦的四个公社搬迁213户农户（共计808人），建制成立南丰公社23大队。由于地势低洼（平均海拔仅0.80米），易涝易灾，群众生活十分贫困，"走的是泥泞道，住的是茅草房，喝的是野菜汤"。为解决矛盾和贫困问题，上级组织先后向永联派驻了六批工作组。直到1978年，永联年人均分配水平才68元，集体负债却达到6万多元。永联一直是沙洲县面积最小、人口最少、最为贫困的一个行政村。

2. 以工兴村

1978年12月18日，党的十一届三中全会召开，为这个江洲小村带来了孕育新生的春风。作为第七任工作组组长、第五任支部书记来到永联的吴栋材,带领党支部一班人,根据永联地势低洼的实际,将低洼地挖成鱼塘养鱼,将取出的土填高农田种粮食。1979 年年底,永联粮、鱼双丰收,全村群众获得了可观的年终分配。为彻底挖掉穷根,带领群众过上富裕生活,此后,村里在原有的小织布厂的基础上,因地制宜,因陋就简,陆续办起了水泥制品厂、花砖厂、水磨石厂、枕套厂、家具厂、玉石厂等七八个小企业,走上了"以工兴村"的发展道路。到 1983 年年底,村集体积累了 20 多万元资金,为创办钢厂奠定了良好的基础。

3. 轧钢富村

1984 年 4 月,永联村党支部筹措资金,购买了一套陈旧的 $\phi 200$ 轧机,开始创办永联轧钢厂,总投资 30 万元,当年就创利 10 万元。1985 年,轧钢厂产值达到 1024 万元,永联跨入了全市十大千万元村的行列,实现了从穷村到富村的转变。此后,村里年年不断加强技改,陆续创办了 $\phi 250$、$\phi 530$、$\phi 650$ 生产线等一批工业项目,经济实力不断增强。1993 年 12 月 28 日,以永联轧钢厂为核心组建成立了省级企业集团——江苏永钢集团公司。1994 年 1 月,永联成为全市八个党委村之一。此后,村里又相继创办了合丰钢铁、70 万吨线材等项目。1998 年,在清产核资、界定村企产权的基础上,永钢组建成立了股份制公司——江苏联峰实业股份有限公司。到 2001 年底,永钢已经成为总资产达 15.47 亿元、年销售收入超 28 亿元的大型企业集团。永联成为远近闻名的富裕村。

4. 并队扩村

为带动更多的群众走上共同富裕的道路,拓宽企业发展空间,1995 年 9 月,南丰镇永新、永南村归并永联,全村面积由原来的 0.54 平方千米增加到 5.2 平方千米,人口由原来的 900 多人增加到 5333 人,全村整体规模大幅扩张,成为苏州市面积最大、人口最多、经济实力最强的行政村。2002 年 7 月,因建设炼钢项目的需要,安乐村第 17 组被并入永联,并入土地 157 亩,人口 162 人。随着企业的发展和现代化新农村建设的加快,2005 年 5 月,全村行政区划再次实施重大调整,邻近的南丰镇和平村、永丰村和乐余镇东胜村的 21 个村民小组并归永联。因永钢码头建设的需要,该年9月,长江岸边乐余镇渔业队被归并永联。2006年7月,东胜村、永丰村15个村民小组并入永联。至此,永联历经了五次扩村,全村面积由原来的0.54平方千米增加到10.5平方千米,拥有73个村民小组,9261名村民,成为整体规模强大的超级村庄。

5. 炼钢强村

1997年,亚洲暴发金融风暴,钢材价格一路下滑,永钢的销售收入连续五年在20多亿左右徘徊。为解决生产原料瓶颈问题,2002年7月,村党委顶着巨大压力和市场风险,自筹资金10多亿元,上马了百万吨炼钢项目。经过夜以继日的艰苦实干,炼钢项目仅用一年时间就建成投产,实现了从单一轧钢企业到联合型钢铁企业的跨越,全村建设面貌为之焕然一新,当年销售收入就达到53.4亿元。近几年,村党委因势而上,紧紧抓住新一轮发展机遇,陆续投资建设了第二线材厂、新棒材厂、第二制氧厂、3万吨级长江自备码头及配套的重大工业项目,平均每年投入5.63亿元。炼钢项目建设为永钢做强钢铁主业提供了有力支撑,使永联实现了由经济富村向经济强村的跨越。2007年,全村工业销售收入达245亿元,村可用财力8000万元,村民人均收入1.5万元。

6. 全面建设新农村

2005年以来,永联村积极响应国家新农村建设及苏州市城乡一体化发展综合配套改革的号召,依托雄厚的集体经济实力,把"建设社会主义现代化永联村"作为奋斗目标,把城乡一体化作为工作标准,坚持全面建设、科学发展,使全村98%的村民享受到了城镇居民的生活环境和条件,98%的耕地实行了集体化、规模化经营和管理,98%的劳动力实现了就地就业,98%的村民享受到了比城镇居民更加优越的福利和保障,呈现出一幅由"小镇水乡、花园工厂、现代农庄、文明风尚"构成的农村"现代画",连续三届被评为"全国文明村",两次被中组部评为"全国先进基层党组织",还获得了"国家级生态村""全国休闲农业与乡村旅游示范点""江苏省民主法治示范村"等称号。2015年,村办企业永钢集团实现销售收入258亿元,利税13亿元,村级可用财力超1.35亿元,村民人均收入近40000元。

三、主要做法

在永联村30多年的发展历程中,村企合一的集体经济模式一直是主导。吴栋材书记提出,社会主义新农村,走集体主义道路,以此实现共建共享、共同富裕,是永联村走向农村现代化的有效路径。永联村制定了"工业现代化、农业现代化、基础设施现代化、管理方式现代化、福利保障现代化、农民素质现代化"的农村现代化建设"六化"标准,坚持以集体经济为主体,营造良好环境,提高村民生活质量,全面建设农村现代化,将永联村真正建成一个乡里的都市。

1. 强调龙头企业的主体地位,积累村级集体经济实力

苏南地区大都以社队企业这种集体经济的形式发家,"以企带村、村企合一"是永联发展的鲜明特色,也是在市场经济条件下壮大村域集体经济的一个有效的实现形式。

永联村从几个小厂起家,逐步形成了以村办企业永钢集团为龙头的集体经济发展力量,成为全国重要的建筑用钢、工业用钢生产基地之一,拥有总资产350亿元,年炼钢、轧钢产能各800万吨,2015年实现销售收入258亿元,利税总额13亿元。在市场经济发展过程中,彻底改制这一手段使很多企业个体化、私有化。永联村认为,村办企业转制是实现现代企业制度改造的必要手段,但不能让改制削弱集体经济实力,切断村民和企业的利益关系,堵塞共同致富的有效途径。为此,村办企业永钢集团分别在1998年和2001年转制时,顶住压力,坚持给村里保留了25%的股权。如今,这25%的集体股份每年可为村委会提供近亿元的可支配收入,成为村民的"摇钱树"和党的基层组织与群众的"连心桥"。

村办企业永钢集团为村集体贡献的25%股份,成为永联村永远的"摇钱树",永钢集团也按照市场要求,坚定不移走新型工业化道路,近三年来,先后投资40多亿元,对烧结、炼铁、炼钢、轧钢等主要工序进行了技改升级,企业优质高效、绿色发展水平进一步提高。

2. 理顺村、企的管理关系,确保集体资产使用顺畅

在村党委的领导下,村民委员会和永钢集团之间形成了"三个统一",即村企重大项目统一决策和规划,村企资源统一共享,村企干部统一调配使用、报酬待遇统一考核发放。这一机制有效避免了村集体、村民和企业间的利益冲突,形成了发展合力,解决了公共产品供给问题,解除了企业发展过程中土地、人力物力方面的制约。

实践证明,让村集体保留适量股份,正是对"集体经济"的透彻思考,它既让企业充分尊重市场经济规律,发挥股份制优势,进行现代企业管理,又充分体现社会主义制度的优越性,让永联村在35年的积累中构筑了雄厚的集体财力保障,成为今天建设现代化农村的根基。

3. 关注现代农业产业发展,形成集体经济的重要载体

永联村通过工业反哺农业,用现代化的手段来提升农业生产水平,发展现代农业产业,使其成为集体经济的又一重要载体。随着农村现代化建设和"三集中""三置换"的深入,在村民自愿的基础上,永联村按照每亩每年1300元的标准,将农民的土地承包经营权流转到村经济合作社,而后投入6500万元,以先进理念、高科技设施,相继建起了4000亩苗木园艺基地、400亩花卉基地、3000亩现代粮食基地、100亩特种水产养殖场以及500亩苏州江南农耕文化园,基本形成了"技术装备先进、组织方式优化、产业体系完善、供给保障有力、综合效益明显"的现代农业体系。

永联村又分别注册成立了园林工程有限公司、现代农业发展有限公司、现代粮食基地有限公司、特种水产养殖场和苏州江南农耕文化园有限公司,实现了农业生产和管理的企业化。2010年5月,又根据张家港市《关于进一步推进农村土地股份合作制改革的实施意见》,将5家农业公司的6500万元注册资本,与村民5870亩承包土地折价的2935万元一同入股,成立了张家港市南丰镇永联土地股份专业合作社。这样,村民不仅可以享受每亩每年1300元的土地流转保底收入,公司实现盈利后,还可按股比及盈余额享受分红,保障了村民在土地上的发展权益。

4. 发展乡村旅游经济,成为集体经济新的实现形式

永联村积极发展乡村旅游,依托苏州江南农耕文化园、永联小镇、永钢集体以及投资建设的垂钓中心等旅游景区,成立了旅游发展公司和旅行社,加强旅游开发和服务,目前已形成了"新农村游""农耕文化游""钢铁是怎样炼成的"等旅游品牌。依托丰富的江鲜美食资源,永联村在永联小镇规划建设了一条江鲜美食街,通过举办江鲜美食节、大力弘扬江鲜美食文化等,使江鲜特色餐饮成为永联村新的经济增长点。

永联村还积极推进二、三产分离,把原属于永钢集团的后勤服务、建筑安装、物流运输等服务保障单位分离出来,注册成立了后勤服务公司、精卓建设集团等,并依托长江自备码头,建设以货物运输、储存、装卸、包装、流通加工、配送、信息处理为主的钢铁物流中心,从而推动现代服务业发展,形成了一批以服务业为盈利模式的新集体经济形式,为永联村持续增收、多途径壮大集体经济发挥了重要作用。

5. 依托集体资产的资金支撑,全面建设现代城镇

以文明家庭奖为抓手,提升农民素质。2004年,村里从集体经济收入中列出专项经费,拿出共530万元(全村人均1000元),在全村设立了"文明家庭奖",对村民各方面的行为进行考核评比,全年没有被扣分的家庭将获得"永联村金质文明家庭"的红牌子,每人奖励1000元。这一举措,有效地把村民的文明行为与经济利益挂起钩来,确保了精神文明抓手的有效性。

以现代城镇为方向,建设基础设施。20世纪80年代中期,永联村就投入资金,先后建起了自来水厂和电厂,使永联村民率先在张家港市农村用上了电和自来水。随着集体经济实力的不断壮大,永联村投入近2亿元资金先后建起了高标准的医院、学校、影剧院、集贸市场、商场等基础设施。2006年,永联村集体投资20亿元,建设了可容纳3500多户、15000多人的农民集中居住区——永联小镇。永联村以集体财力为支撑,真正做到了"乡村变都市,村民变市民"。目前,永联小镇规模已达到占地1000亩,容纳5000户村民,并建有2200套公租房。

以民生保障为指南,规范社会管理。永联村发挥永钢集团的大企业优势,确保人人有岗位,个个有收入。永钢集团在同等条件下优先录用永联村民,目前永钢20%的员工是本村村民。永联村还依靠厚实的集体经济基础,建立完善的生活补助、养老帮困、助学奖优等八项福利保障制度,还注册成立了"永联为民基金会",对生活相对困难、突遭灾祸和患有重病的村民,及时给予经济救助。永联村还不断加强社会管理规范化建设,定期召开村民代表大会,加强村规范化管理,提高了管理效益。

四、经验启示

1. 始终坚持发展集体经济

永联村认为,发展村级经济,带动村民致富,缩小城乡差别,首要任务是缩小城乡物质差别。对于农村来说,必须大力发展集体经济。只有集体经济壮大了,村集体才有相对宽裕的资金用来加强各项建设;只有发展集体经济,才能把农民组织起来,实现共同富裕。

永联村30多年的发展变化,体现了"民富与村强同进,乡村与企业共荣"的特征。永钢集团的发展壮大,带来了村级经济实力的一步步壮大,而村级财富增加了,才能使农民得以稳定增收,让农民住进公寓,过上富足的生活,给村民带来充分的认同感和归属感。

永联村的实践说明,村域经济状况如何,直接关系到农村、农业、农民的前途。只有坚持发展农村集体经济,让农民得到更多实惠,新农村建设才有坚实稳定的物质基础。

2. 始终坚持集体经济共建共享信念

永联村认为,发展壮大集体经济,就是要坚持共建共享。在以土地为纽带的基础上,永联村创新了以资本为纽带的共建共享实现形式,全村的集体资源和集体资产,通过集体资本的形式,转化为企业的集体股份。目前全村11000名村民集体持有永钢集团25%的股份,村里通过这25%的股份,从企业中得到增值和分红,再以二次分配的形式,让村民共享经济发展成果。

坚定的共同富裕、分享富裕的观念,成为永联人的发展信条。永联村致力于全体村民共同富裕,在永联村发展壮大的过程中,先后经历了五次并队扩村,面积从0.54平方千米增加到12平方千米,人口从900人增加到11000人。永联村做到了"一家人不吃两样的饭""进了永联门就是永联人,凡是永联人待遇人人都平等",把经济发展的成果普惠到所有村民。

永联村以共同富裕为指向,广大农民分享村级经济发展的成果,体现了公平正义、共同富裕的实质,形成了社会主义新农村建设的持续推进动力。

3. 始终坚持寻找集体经济新载体

永联村认为,集体经济的实现形式多种多样,不同的发展阶段,要通过不同的载体使全村村民分享集体经济的成果,也要不断挖掘新的集体经济实现形式,让村级集体资产不断壮大、增值。

在发展初期,永联村抓住了发展钢铁产业的机遇。在永钢集团发展壮大,形成良性的资产输送模式后,永联村又抓住了农业产业化的机遇,建设了一批农业产业公司、农业专业合作社、苗木公司等,实现了农业生产和管理的企业化,集体资产得到新的增长空间。随着永联村知名度的提升,旅游业又成为永联村集体资产发展的新载体。永联村还将农村存量集体资产进行市场化运作,保证保值增值,良性发展。

4. 始终坚持强化村级基层组织建设

永联村认为,加强基层组织建设,对现代农村发展至关重要。永联村加强了学习型组织建设,切实提高村级组织谋发展的能力,主动适应村庄治理结构的变化,创新工作思路,推进村域管理信息化和智能化、农业生产信息化和自动化、社员事务管理信息化。

永联村的带头人吴栋材书记,三十年如一日,带领村民立志求变,埋头苦干,勇于坚持从本村实际出发,创造性地贯彻落实党的方针政策,抢抓机遇,把改变农村落后面貌,让村民过上现代城市的生活作为人生奋斗的目标,努力推动村级经济快速稳定发展,受到全村的拥戴和尊敬。一个集体经济发达的村级组织,离不开一个一心为民、勇于创新、致富有道、管理有方的好带头人。

五、发展思路

永联村从1971年设村,从1978年集体负债6万多元奋斗至今,从2002年才开始上炼钢项目,目前已经实现了钢铁产业的做大做强。永联村在较短时间内快速发展的模式,值得学习和思考。今后一阶段,永联村将围绕"建设社会主义现代化永联村"的发展思路,分三个方面开展工作。

1. 加快经济转型升级

工业方面,进一步做大钢铁主业,2006年炼铁782万吨、炼钢777万吨、轧钢751.5万吨,总销售收入242亿元,利税19亿元;并加快工业多元化发展,向重工、环保、新材料、现代物流等领域延伸。农业方面,全面提高现代农业产业规模化、设施标准化、生态永续化、科技集约化、营销市场化、服务社会化和农民职业化水平,使现代农业成为永联村持续发展的增长点。永联村还将提高旅游业投入,加强旅游线路开发和景点建设,打造综合性旅游景区,成为"乡村大世界、游乐新天堂"。

2. 推进信息化建设

完善"永联村经济合作社综合信息平台"和"永合社区居委会综合信息平台",实现"一网通"和"一卡通"。"一网通"可以让永联村经济合作社的社员们,通过永联村网站,了解村情动态,查询个人信息,办理社员事务,结算有关费用等。"一卡通"是每位社员都有的一张"社员卡",卡片存储有社员个人身份信息,具有福利待遇结算和消费支付等功能,下一步将考虑加入社保、医保、公共自行车租用、银行卡消费等众多职能,真正让社员"一卡通永联"。

3. 培育现代化农民

通过爱心互助街搭建爱心服务平台,为困难群体提供受助场所,架起爱心桥梁,传递互助情谊。利用村民议事厅,发挥村民自治职能,开展是非讨论,并联合永合社区居委会,开展道德模范评选、好人好事宣讲、公序良俗主题宣教等活动,教育、引导村民自觉践行社会主义核心价值观,建设文明新农村。

【思考题】

1. 永联村从当年的落后穷村发展到今天的全国前列村,经历了怎样的发展历程?这其中的主要发展因素和发展机遇有哪些?

2. 永联村在集体经济改制过程中,主动为村集体留下25%的股份,你如何看待其中的利弊关系?当年的决策如今发挥出什么样的正面影响力?

案例二 康博村：发挥骨干企业作用，村企共建发展村级经济

一、概述

常熟市古里镇康博村地处常熟市东郊，村域面积2.8平方千米，427户，人口1687人。遵循"增财力、惠民生、重环境、塑特色、强队伍、树新风、促和谐"的发展理念，紧紧围绕"工农并进"的发展思路，依托波司登公司的优势，在全国劳动模范、十届、十一届、十二届全国人大代表，村党委书记高德康的带领下，康博人走上了发展农村经济、实现富民强村的共同富裕道路。2015年实现村级可用财力1000多万元，村民人均年收入31928元，农村养老保险覆盖率为100%，农村合作医疗参入率为100%。

康博村坚持工业、农业并举，不断完善产业结构，多渠道、多方式地发展和壮大村级经济。通过坚持实施名牌战略，打造"波司登"企业品牌，为以工促农、以工兴农、以工富农创建新平台。康博村先后荣获"中国十佳小康村""中国十佳魅力乡村""国家级生态村""全国民主法治示范村""江苏省社会主义新农村建设先进村""江苏省文明村""江苏省卫生村""江苏省村镇文明住宅小区示范点""江苏省农村环境综合整治示范村""江苏省民主法治示范村""苏州市勤政廉政先进集体""苏州市先进基层党组织""苏州市先锋村""苏州市十大幸福乡村"等称号。

二、发展历程

1. 在艰苦的磨练中创业

30多年前，江苏常熟县白茆公社山泾村二大队的一位年轻人，不甘忍受贫困与落后，带领11位农民成立了缝纫机组，用仅有的8台缝纫机开始了艰辛的创业之旅。波司登的光辉历程就从这里开始，而那位年轻人正是高德康。

高德康骑着他的"二八"式自行车,往返在常熟至上海的沙石路上,给上海的小企业做一些"来料加工"式的活计,到上海取到布料后,当天夜里风雨无阻地赶回村里,让村里"等米下锅"的11个弟兄加工生产。第二天,高德康再骑车把加工好的成品送往上海,然后再取回布料,如此反复。艰苦的创业经历是留给高德康人生最宝贵的财富。高德康说:"这段经历造就了我超人的耐力和在困难面前宁折不弯的精神,公司发展壮大,靠的就是这种艰苦奋斗的精神。"

2. 在"为人做嫁衣"中抢抓发展机遇

进入高德康创业的第五个年头,即1983年的时候,高德康的交通工具已经变成了摩托车。高德康吃苦耐劳的精神没有变,换上摩托车后,一天要两次往返于上海与常熟之间,4年报废了6辆摩托车。这个时候的"小作坊"已戴上了一顶集体企业的"红帽子",经营业务也不再局限于"来料加工",已经向"贴牌"制衣转变。

1992年是高德康创业历史上一个最重要的节点。在为上海"圣诞老人""秀士登"等加工服装的过程中,高德康逐渐摸索出一套适合自己工厂的发展方式。这一年,他终于不甘"为人做嫁衣",注册了"波司登"商标,兴建了占地7万平方米的新厂区,迈出了打造品牌羽绒服的第一步。两年后,波司登羽绒服正式面市销售。

3. 在结构调整中寻找核心竞争力

20世纪90年代中期,乡镇企业进入结构调整、体制创新、素质提高的新阶段。高德康审时度势,于1994年6月成立了江苏康博股份有限公司。通过深入的市场调研,波司登大胆尝试,在羽绒服中加入时尚、唯美等元素,使羽绒服变得色彩艳丽,更加轻薄暖和。1995年波司登羽绒服新产品面世时,像旋风一样刮向市场,迅速被消费者所接受,当年,波司登羽绒服的市场销售量达到了68万件,占到全国市场的16.98%,坐上了我国羽绒行业的头把交椅。

1996年,波司登羽绒服销量达到108万件,1997年158万件,1998年220万件,1999年338万件,2000年时已突破500万件,而到了2001年,则又冲高到1000万件。高德康从现代企业的经营思路和要求出发,以人为本抓管理,立足"民"牌创名牌,不断提升企业核心竞争力。

4. 在品牌经营中树立国际地位

1999年1月和2000年3月,高德康在上海分别成立了"波司登国际贸易有限公司"和"波司登世界贸易有限公司",开始进军欧洲市场,并成为中国第一个正式进入瑞士市场的服装品牌。2003年9月,波司登羽绒服成为羽绒行业唯一通过国家进出口商品免验认证的品牌,取得了通往国际市场的"金钥匙"。

高德康带领波司登稳扎稳打、步步升级,参与国际竞争的能力不断增强。波司登羽绒服成功进入多个国家(地区)市场。波司登与美国GAP、日本UNIQLO一道,成为世界防寒服领域无可争议的"三驾马车"。2007年10月11日,波司登国际控股成功在香港主板上市,使品牌影响力、企业战略理念、资金实力,都有了空前提升。高德康说,波司登的未来除了牢牢稳固羽绒服领导地位之外,更要把世界名牌波司登扩展为四季化、多元化服装品牌,通过在国际、国内收购有潜力的服装品牌,打造波司登的服装新王国。

5. 在村企共建中反哺社会

作为农村基层党支部书记,高德康从未忘记生于斯养于斯的一方水土一方人,他带领全村村民富民强村,实现小康。迄今为止,波司登直接用于公益事业的费用超5亿元。同时,高德康还拿出政府部门给予个人的全部奖励资金支持村级经济发展和新农村建设。高德康带领着波司登人,引领着康博村民,将农村现代化初步变为现实。2015年,波司登连续20年蝉联中国市场销量冠军,波司登品牌价值达207亿元。

高德康说:"企业小的时候,是自己的;企业大了就是社会的、国家的、人民的。企业家必须要对社会、对国家、对人民负责任!"

三、主要做法

1. 依托骨干企业支持反哺,发展壮大村级财力

高德康把一个由8台家用缝纫机起家的村办小厂,发展壮大为中国服装行业唯一的世界名牌,为康博村工业经济持续快速发展作出了巨大贡献,同时,也为康博村依托波司登的雄厚实力和反哺支持,充分

挖掘康博村的内部潜力和资源,发展壮大村级经济奠定了良好基础。多年来,波司登积极帮助村里开发经营项目,村、企先后投资1000多万元建设社区综合服务用房,在古里工业集中区建造标准厂房,改造村集体破旧厂房,为康博村每年增加收入150万元以上。波司登还为村里结余的1500多万元本金、村里的56亩土地进行资本运作,通过波司登公司的运作,每年为康博村增加收益100万元以上。2012年,波司登支持康博村2500多万元,建造9300平方米的康博人才公寓用于出租,预计可增加村级财力100多万元。

2. 培育一批集体工业企业,拓展村级经济发展途径

除了依托波司登的支持和反哺,康博村还努力扩大村级经济财力来源,发展村级经济。康博村逐渐发展起江苏雪中飞制衣有限公司、常熟正广和饮用水有限公司、常熟市深业针织有限公司和常熟市田娘生物科技有限公司等十多家工业企业。2012年,又通过集体入股江苏康盛建材的方式,拓展村级经济收入增长的新途径、新载体。针对现有的厂房、门店等集体资产,康博村还根据市场实际及时调整租赁价格,加强合同管理,确保集体资产保值增值。2015年,康博村通过多种运作方式,让人口仅1600多人的康博村村级可支配收入达到了1000万元。

3. 通过现代农业主体建设,发展村级集体农业

康博村依托村级集体经济,加大农业投入,采取"以工哺农,以工养农"的方式,先后投入数百万元用于农村基础建设和农田水利建设,发展优质、高效、高产、生态农业。康博村通过集体农场的形式,集体承包种植了一批田地,为村里增加了集体农业的收入。康博村还先后成立了康博社区股份经济合作社、康博农地股份经济合作社、田娘米业专业合作社、康博蔬菜专业合作社、康博劳务合作社等多家农民专业合作经济组织,实现农业品牌化经营、规模化发展、产业化生产和科技化开发,为村集体增加收入。其中"田娘"有机稻米已具有相当知名度,其产品畅销省内外的大型超市和宾馆,提高了村级农业经济效益。

4. 提高农民幸福指数,保障村级经济发展

康博村集体经济发展的良好态势,壮大了村级财力,有力地保证了村社会公益事业的改善和发展。为关注民生、致富农民,康博村利用波司登公司的优势,积极引导村民就业,提供文化技术知识培训,使村民转变生活方式,让村民过上城市人的生活。目前村里 95% 的村民在波司登公司上班,全村劳动就业率达到 100%。康博村还投入资金对全村土地、道路、住宅、绿化、休闲等各个功能区进行了科学布局。在波司登的支持下,康博村建设了共有 427 幢别墅的康博苑小区。农民生活水平的提高,也为村级集体经济的可持续发展提供了有益的支撑。

四、经验启示

1. 工业反哺农业是加快农村经济发展的重要途径

"工业反哺农业,城市支持农村"是近年来党中央提出的一贯方针。波司登集团董事长、村党委书记高德康自幼生长于农村,对农村有着深厚的感情,对反哺"三农"有着强烈的意识,致富思源是他多年的愿望。长期以来,波司登集团始终坚持工业反哺农业的方针,不断加大对村级经济和社会事业的扶持力度,不断拓展村级经济发展空间,保证村级经济有长期稳定的收入来源,使康博村的农村经济有了较快发展。

2. 集体经济发展推进了农村经济结构调整和农业产业化进程

康博村因为有了集体经济的财力支持,能够投入资金加强农村基础建设,提高了农田标准,提高了农村单位土地的经济效益,优化了农业产业结构,为推进农村种养模式调整和农业产业化奠定了基础。同时,生产经营模式的创新也使农民逐渐适应市场的要求和变化,建立起了资源共享、生产互助、利益共沾、风险同担的机制,主动参与市场竞争,逐步使农民个体的市场地位向群体的市场地位转变,提高了农民进入市场的组织化程度,实现了农村经济社会又好又快发展。

3. 集体经济发展提高了村民参与农村经济建设的积极性

村级集体经济的快速发展,必须依靠广大的农民群众,把农民的积极性充分调动起来。只有农民真正当家作主,新农村建设才会有无穷的动力源泉。康博村从群众最关心的事情做起,把农村建设和民生幸福紧密联系起来,高标准建设农民集中居住小区,扩大农民就业,完善社保、医保、低保和救助等农村社会保障机制,尊老爱幼,关爱农村弱势群体,丰富、活跃农民的精神文明生活,让群众深切感受到农村集体经济发展所带来的实实在在的好处,从而得到广大农民群众的拥护,充分调动和发挥了村民参与农村建设的自觉性和积极性。

4. 集体经济发展提升了农民群众的整体素质

康博村村级集体经济的发展,将大量的农民转变为现代产业工人,实现了农村富余劳动力的大解放,也实现了农民素质的大提升,让广大村民提高了生产技术,提高了市场认识,提高了科技文化素质,提高了民主、法制、团队等方面的意识,把广大村民的关注点引导到发展经济、增加收入上来,做到了农民就业"就近不就远,离土不离乡",农民长效增收机制得到了初步建立,提高了农民群众的整体素质,促进了农村和谐。

五、发展思路

村企共建模式有利于促进农村经济发展,推进社会主义新农村建设。今后一阶段,康博村将在波司登集团的大力支持和帮助下,按照村企共建、共同提高的方向,科学引导,争取政策支持,搭建合作平台,为村企共建发展村级集体经济添砖加瓦。

1. 突出发展经济,实现集体经济实力新攀升

围绕村级经济实力不断增长、村级财力增幅10%的目标,康博村将紧密依托波司登的辐射作用,积极引导,加强合作,使村企共建持续取得实效。抓好康盛建材等一批村级集体经济组织的建设,千方百计为村级财力提升,努力为"富裕康博"建设添砖加瓦。做好村级经济品牌建设,通过提升康博村生态农业的品牌影响力,为集体农业产业占据市场提供支持。

2. 加强政策支持,完善企业反哺农村的发展体系

加强对波司登企业的政策支持,帮助企业解决用人用地的制约因素,实际减少影响企业发展和反哺的后顾之忧,在让波司登做大做强的同时,形成龙头企业和康博村共建的顺畅机制,提高波司登对村级经济的反哺力度,促进村级经济实力的增强。重点支持康博农业产业化建设,通过引进新品种和新技术,加强农民培训基地认证,加强农村基础设施建设,打造"康博田园",形成对村级经济反哺的多点支持。

3. 搭建服务平台,强化村企合作的服务职能

康博村将围绕争创江苏省人居示范奖的目标,搭建服务平台,加强企业支持村级经济发展的成果的转化,加快建成康博村波司登配套人才公寓楼、康博村工业旅游接待中心等设施。通过增强对龙头企业的服务,加强村与企业的合作,实现企业与农村资源、社会资源的有效整合,孵化出村级经济的新增长点,提高村企合作的效率和水平。康博村还提出"务实、清廉、劲足、实干"的党员干部新要求,使党员干部树立良好形象,提升综合素质,为做好村企合作、为经济发展服务。

【思考题】

1. 康博村和波司登集团之间是一个什么形式的合作方式?它们的发展模式和永联村有什么区别?

2. 你认为康博村发展的后续动力在哪里?康博村和波司登集团应在哪些方面加强合作共赢?取得什么样的新发展?

案例三 梦兰村：美梦成真，村企共建幸福新农村

一、概述

常熟市虞山镇梦兰村，地处常熟东南城乡结合部，村域面积达1.2平方千米，下辖8个村民小组，共有963人。近年来，梦兰村始终坚持以企带村、村企共建的发展模式，村级集体经济和社会事业同步发展，村民收入不断提高。2015年，梦兰村全年工业总投入21140万元，村级集体稳定收入从2001年的382万元增加到2015年的3505万元，村民人均村收入从2001年的9021元增加到2015年的42700元。

这些年来，一个又一个的荣誉授予梦兰村：首批"中国十佳小康村""江苏省社会主义新农村建设示范村""江苏省文明村""江苏省生态村""江苏省巾帼示范村""江苏省卫生村""江苏省民主法治示范村"，2015年，梦兰村又成功创建了"全国美丽宜居村庄""江苏最美乡村"。在这些荣誉的照耀下，梦兰人描绘出的是"民富、村美、风气好"的社会主义新农村图景。

二、发展历程

40年前，在常熟市的东南郊，有一个名叫老浜村的穷村，该村地势低洼，水灾频发，十年九荒，村民生活无着。谁也不会想到，40年后，这里会成为闻名全国的梦兰村。那是1972年，20多岁的农家姑娘钱月宝，怀揣着"一定要让村民过上像城里人一样的生活"的坚定信念，和村里的姐妹们靠着8根绣花针起家，带领乡亲们"创先争优推进科学发展，与时俱进实现富民强村"，将一个贫穷落后的村庄，建成了"生产发展、生活宽裕、乡风文明、村容整洁、管理民主"的都市村庄。

1. 艰苦创业，编织心中梦想

1972年，老浜村得到消息，苏州绣品厂有意在乡下发展绣花加工

点,村党支部经过慎重研究,决定由当过生产队会计的团支书钱月宝担任厂长,每个生产队派1人,共7名工人。这样,老浜村的向东绣花厂,就在8名绣花女的飞针走线中成立了。

当年的村办小厂底子薄,基础差,承接的任务却都是外贸产品,质量要求高、工期短、利润微薄。1983年,改革开放政策促使钱月宝下决心从加工转向自营。她找人贷款建起200平方米的厂房,几经周折购到所需设备,拿出样品订到第一批3000套台布和薄纱手帕任务。1984年,南京、苏州、郑州等城市的大饭店对她们的绣花台布倍加青睐,每月订货超过2万套。一时间,企业面貌日新月异。

2. 以新取胜,紧跟市场需求

在企业获得稳定发展后,钱月宝深知要在激烈竞争的市场经济中站稳脚跟,必须做到人无我有,人有我优,人优我特。当年的棉花被臃肿沉重,钱月宝就想着要开发一种既轻便又保暖的新型棉花被,替代市场上的现有产品。1991年,已经更名为藕渠装饰用品厂的向东绣花厂,在床上用品行业中开发出柔软、轻便、漂亮的"梦兰"踏花被。4个月里,藕渠装饰用品厂生产并销售了5万多条"梦兰"踏花被,实现利润128万元。

正当企业产品处于热销阶段,钱月宝又着手开发新一代羊毛被产品。1994年,钱月宝从日本考察回来后,开发出了羊毛软床垫,很快受到消费者青睐。这一年,全厂销售额达到1.5亿元,利税超过1000万元,获得首届"千家全国最佳经济效益乡镇企业"的称号。同年,建筑面积2万平方米、拥有2条进口床上用品流水线的新厂区落成,"江苏梦兰集团"正式挂牌成立,钱月宝出任董事长,梦兰跃上了一个新的发展平台。

3. 全面开花,打造梦兰品牌

依靠企业全体员工的不懈努力,凭着超前的品牌意识和科学的品牌战略,梦兰集团在公司内部狠抓质量管理,创造优质的名牌产品,依靠科技创新推动产品升级,企业获得了"全国乡镇企业质量管理先进企业"等一系列光荣称号。钱月宝是全省唯一获得"全国质量管理突出贡献奖"的企业家。

2000年,"梦兰"被评为中国家纺行业第一个驰名商标,2005年,梦兰床上用品配套件、化纤制品双双荣获"中国名牌产品"称号,并跻身

"中国500最具价值品牌"家纺行业排行榜的榜首,2008年,"梦兰"又以91.65亿元的品牌价格,三度荣登家纺行业榜首。目前,梦兰品牌的价值已经达到225.84亿元,稳居行业榜首。目前,梦兰家纺类产品已向国家申请专利达280多项,并成功摘取历届中国国际家纺博览会优质产品金奖和设计金榜奖。梦兰集团也成为全国家纺标委会床上用品分技术委员会秘书处承担单位,领衔制(修)订全国床上用品标准。

4. 产业报国,梦兰结缘龙芯

床上用品把梦兰推向了辉煌,不过在钱月宝看来,家纺这个产业还远远承载不起她心灵深处时时涌动的"产业报国"梦想。在先后投资了10多个项目后,2004年,江苏中科梦兰电子科技有限公司成立。"龙芯"和"梦兰"结缘,标志着梦兰这个有着30多年历史的家纺企业迈进了高科技产业的门槛,梦兰集团开始了从传统产业跨向高科技产业的二次创业,这也彰显了钱月宝作为一个女性企业家超凡脱俗的战略眼光。2015年,江苏梦兰集团旗下的江苏梦兰神彩科技股份有限公司成功登陆新三板,这是江苏为数不多的登陆新三板的节能环保服务公司,成为梦兰集团实施"做强主业、丰富业态、高端转型"战略的重要成果。

三、主要做法

1. 依托梦兰集团,实现村级经济实力的不断提升

以"过上和城里人一样的好日子"这一朴素的理念,钱月宝带领村民,坚持村企一体,让企业成为村级集体经济发展和村民致富的坚强动力。梦兰集团承载着村民的发展重托,以不懈努力发展壮大,为村集体资产的迅速增长做好了保障。如今的梦兰集团已发展成集家居、电子信息、跨境油品项目、环保科技等多种产业为一体的现代企业集团,成为中国家纺行业"十强"龙头企业,连续十多年进入中国纺织行业销售、出口双"百强",中国制造业500强行列。2015年,梦兰集团的工业产值达65.75亿元,成为梦兰村村级经济收入来源的主体产业。依托梦兰集团的雄厚实力,梦兰村村级经济也得到较快发展,集体资产水涨船高,2015年村级集体稳定性收入达到3505万元,村民人均年收入超过了42700万元。

2. 引导农民就业，多途径增加农民收入来源

在梦兰集团的支持下，梦兰村积极引导农民就业，让村民增加收入，改善生活。目前，全村有90%以上的劳动力都在梦兰集团工作，年均工资收入超过3万元。在村集体管理和村级经济经营的过程中，钱月宝始终考虑全村的持续发展和村民利益，在20世纪90年代的企业改制过程中，钱月宝反复权衡全体村民的利益，到1997年梦兰集团改制时，钱月宝坚持为村里留下了30%的股份。2004年，梦兰村组建了股份经济合作社，把村里多年积累的集体净资产量化为股份，从净资产中提取70%量化到村民，让村民变股民，年年有分红，保证每股每年分红1000元以上，持续享受到企业盈利，增加了农民的财产性收入。

3. 注重科技引领，开发村级集体经济新型载体

梦兰村将原来多元化发展过程中产生的一批高能耗、高污染的企业逐渐关闭，将科技创新作为经济发展的重要力量。钱月宝果断选择了科技引领的龙芯产业，为梦兰集团跨行业、多元化发展迈出重要一步。经过几年的积累，其"龙芯产业化项目"成为中国在信息产业方面核心竞争力的代表，承担了"核高基"等一系列国家级重大项目。钱月宝产业创新的执着精神带来了收获，拥有自主知识产权的龙芯产品已经进入规模化生产。产业创新的高科技项目拓展了梦兰村集体经济的发展方向，为梦兰村赢得了"国家高技术产业化示范工程"的荣誉，成为梦兰村经济发展的一个新动力，也成为村级经济增长和受益的一个新载体。

4. 经营转型升级，产业强国，搭建经济发展梦想

随着企业的发展，梦兰启动了国际化的经营发展战略，通过转型升级，寻找壮大集团实力、增加企业资产的新途径。梦兰集团的产品通过沃尔玛、塔捷特等国际连锁市场网络进入国际市场。梦兰还在黑龙江投资建设了中俄自由贸易城，使梦兰床上用品销售到80多个国家和地区。梦兰还投资中俄跨境油品项目，同时还在环保科技、小贷公司等方面作出尝试。钱月宝认为，企业发展只有服从于国家战略需要，肩负产业报国、产业强国的责任，才能立于不败之地。只有把企业做好了，梦兰回报农村发展，建设农村现代化，企业反哺农村，让家家户户过上好日子的梦想才能实现。

5. 围绕科学发展,利益共享,提升城乡一体新貌

梦兰坚持认为,集体经济的发展,归结点就是要带动村庄变化,使村民致富。创业伊始,梦兰集团就秉承企业回报村里的理念,村集体不断投入资金进行村里的环境改造以及社会保障、村民福利等方面的建设。在梦兰集团的支持下,梦兰村从 2001 年开始确立了新农村建设的"四高"目标,保证村民失地不失业,失地不失家,失地不失保障,失地不失富裕。村里共投入 8575 万元,建成 245 幢农民别墅,有效改善了村民的居住条件。依托梦兰集团的财力支持,梦兰村还大力推进了村基础设施和公共服务体系建设,以建设"全国生态文明村"为重点,不断提高生态环境质量,将梦兰村建设成都市里的村庄,使村里人过上了村庄里的都市生活。2015 年,梦兰村发放股金分红,合作医疗补贴和节日慰问物资等村民福利超过 335 万元。

四、经验启示

1. 村企共同发展,利益和谐共享是关键

梦兰村始终坚持发展主线,在抓住梦兰企业做大做强的同时,致力于村级集体经济发展,企业回报社会,村企共赢、共壮大。梦兰集团在企业改制的过程中累计投入亿元资金以工哺农,将昔日的城郊贫困村梦兰村建成了富裕和谐、生态宜居的"中国十佳小康村"。2015 年,村集体可支配收入达到 3505 万元,所有的村民都享有养老、医疗、股金分红等福利保障,村民年人均收入达到 42700 元。而梦兰村又举全力支持企业的发展,为梦兰集团的"总部经济"做大做强打下了基础。

钱月宝说:"梦兰发展到今天,靠的是党的政策,也离不开村里的支持。企业只有与当地群众共建'利益和谐共享'新机制,才能得到广大老百姓的赞许和支持。改制时我去找领导,坚持给村集体保留 30% 的股份。我说企业可以吃亏,因为靠我们大家的努力,靠品牌,靠市场,企业还可以不断壮大、持续发展。而村里没有了土地,没有了集体资产,将来村民的福利怎么保障?公益事业要投入,钱从哪里来?"

2. 企业做强做大,全面发展经济是基础

从家纺企业到 IT 产业,从品牌梦兰到科技梦兰,梦兰人不变的是

报国为民的情怀,追求的是"让人们好梦成真"的理想。40年来,梦兰人从没有停止创新的脚步,把一个村办手工作坊发展成拥有20多家控股公司、总资产35亿元、拥有中国家纺"第一品牌"和中国人自主创新的"龙芯"产品的现代化企业集团。

贡献大,是因为梦想大。梦兰人认为,传统型企业要发展,不仅要敢于跳出原来的老路,超越自我、勇于创新,还要服从于国家发展战略需要,肩负起产业报国、产业强国的责任,为实现国家目标作出贡献。

梦兰村始终坚持以经济建设为中心,以梦兰集团这一"总部经济"为根基,已形成家用纺织品、电子信息、能源开发、环保科技、小额贷款等多元产业。依托村级集体经济的不断壮大,梦兰用于新村建设、生态环境、社会保障以及公益事业的总投资超过2.2亿元。

3. 追求社会和谐,全面为民谋利是保障

钱月宝经常说:"我办企业,不是为了自己赚钱,而是为更好地回馈社会。"钱月宝立志让村民们"过上城里人的生活",也立志让梦兰集团成为村里建设发展的"永动机、提款机"。梦兰村村民们都感慨,没有钱月宝和梦兰集团的全力支持,没有梦兰集团每年给村里留下的股金分红,梦兰村就不是现在家家住别墅、人人有工作的模样,梦兰村的村民们就不会像现在这样,百分之百参加社会保险,拥有"五保合一"的城镇职工保险,被征地农民有补偿保险,职工人均收入超过5万元。梦兰村还鼓励全村村民加入经济合作社,让村民从村集体的合作经济中获得红利收入。这都是梦兰集团工业反哺农业的典范。

五、发展思路

有梦的地方才有最美的风景。2016年,梦兰村将围绕"四个全面"战略布局,践行创新、协调、绿色、开放、共享"五大发展理念",着力推进经济发展转型升级,加快建设美丽梦兰、智慧梦兰、幸福梦兰。

1. 以富民强村为目标,促进经济稳步发展

今后一阶段,梦兰村将以发展壮大村级集体经济为目标,立足现有产业特色和资源优势,大力发展创新型经济不放松,着力培植村级经济新的增长点,以"龙芯"产业园为龙头,形成一个以核心技术为支撑的科

技产业集群,争取两个企业上市,推动油品综合体项目和环境能源交易中心两个项目投运,力争未来三年内,三业总产值增长50%,村级可用财力增长30%,村民人均收入增加30%。

2. 以持续增长为导向,着力发展服务产业

今后一阶段,梦兰村将继续挖掘村级经济发展的新途径、新载体,合理利用旅游配套服务中心和农副产品市场周边占地3万平方米的仓储房,加强集体经济资产运营,实现村级财力可持续增长。梦兰村用集体经济收入,新建了一批服务业设施,投资了一批农业产业项目,实现了村级资产的良性运转,充分发挥了服务业项目在集体资产保值增值和集体收入增加中的作用。

3. 以全面发展为核心,推进现代农业建设

今后一阶段,梦兰村将依托村级财力的不断积累和提高,与中实集团合作,规划建设一个国家级现代生态农业示范区,通过无公害蔬菜培育、生态果园、绿色养殖、有机农副产品的开发和交易,打造一个现代农业、生态农业的链条,并使之成为梦兰村集体经济收入的新载体,实现农民整体生活水平的不断提高,让全村村民分享农村集体经济发展壮大的成果。

4. 以提升管理为抓手,增加资产收益效率

今后一阶段,梦兰村将继续投入资金,强化社区管理,营造"管理有序、服务完善、文明祥和"的梦兰社区管理典型,加强对村民的文化知识、文明公德、创业创新意识的培育。通过全村人文综合素质和人居环境质量的提升,使集体资产管理水平提高,资产收益效率提高。

梦兰村相信,在全面奔小康、常熟率先实现基本现代化的前进道路上,梦兰一定会不负众望,一如既往,再接再厉,奋发向上,向着更高的目标攀登,为江苏"两个率先"、为实现现代化作出更大的贡献。梦兰村的明天一定会更加美好!

【思考题】

1. 梦兰村发展到今天,经历了哪些阶段?抓住了哪些机遇?

2. 梦兰村产业提升的方向是什么?你认为这些多元化的发展会给梦兰村带来什么样的机遇和挑战?

第三章　区位优势发展村级集体经济

概　述

地处城郊结合部、中心集镇及工业园区周边的一些村，随着城市规模的不断扩大，直接接受到城市发展带来的辐射，交通便利，信息畅通，人力资源丰富，基础设施完备。这些村依托优越的区位条件，紧抓城市扩张带来的机遇，积极探索发展村级集体经济之路，通过建标准厂房、农贸市场、打工楼等方式率先发展起来。有的村从经济薄弱村发展成为先锋村，如相城区的泰元社区依托蠡口家具城、澄阳经济开发区的发展，从一个没有土地资源、没有资金、没有资产的"三无"村发展成为村级资产过亿、可支配收入超千万的先锋村；有的村在条件成熟的情况下，积极谋划转型升级，做大做强村级集体经济，依托高新技术开发区，产业向高新技术或绿色环保产业转型升级，如昆山的泾河村，紧邻昆山高新区，将高新技术产业和环保产业作为今后集体经济发展的方向；有的村通过"二次收购、腾笼换鸟、土地置换"等方式，不断转型升级，提高产业规模，如吴中区的天平村依托轻轨一号线，加快转型升级，大力发展商贸业。

一、依托区位优势发展村级集体经济的主要做法

总结苏州依托区位优势发展村级集体经济的实践，其主要做法主要有以几种。

1. 以区位优势为依托，发展以物业为主的租赁经济

近郊的村在地理位置上具有明显的优势，人口密度大，且外来人口较多。像泾河村，本地人口不到两千人，外来人口却超过两万，大量的外来人口在给本村社会管理带来难题的同时，也给村的发展带来商机。村里主要借助地理优势，筹集资金以投资建设经营性物业用房，兴建标准厂房，供入驻企业和商户经营使用，村集体收取租金，实现双方互惠共赢。随着村级经济收入的提高，村里投资重点逐步转向更高级别的物业形态，如建专业市场、农贸市场、白领公寓、写字楼及配套建设相应的社会服务设施和商业生活设施等。

2. 以转型升级为抓手，提升产业项目品牌

经过初期的资本积累，近郊村的集体资产有了一定规模，随着外部环境的发展变化，这些村的发展必须融入到城镇发展中。一些有条件的村，根据城镇的发展规划、目标，逐步调整产业结构，不断升级产业项目品牌，如吴中区的天平村、香溪社区逐渐从以标准厂房出租的物业经济为主的第二产业向以商贸服务业、高新技术为主的第三产业转型。通过二次收购土地、"腾笼换鸟"等方法，打造新型工业高地、商贸服务高地、创新创意产业高地，提高产业特色品牌，提升内涵，做大做强集体经济，加快产业结构转型升级，着力改变经济发展方式。

3. 以固本拓源为手段，探寻发展新空间

失地早、失地多是近郊型村的主要特点，经济发展中的资源短缺便成为制约发展的最大短板，没有空间，发展就无从谈起。面对资源制约，各村在空间拓展上突破"防出错，不求新"的思维定势，不断创新，拓展思路。一是不断盘活存量土地，提高土地利用率。通过厂房改造、产业升级、结构调整等方式逐步提高土地的利用率，提升效益，增加收入。二是固本拓源，异地发展。对于近郊型村或社区而言，"外部扩张"也成为缓解资源压力的一种有效途径，对其他村一些烂尾楼进行收购、改造，或者与薄弱村共同开发建设，可缓解内部发展后劲不足的问题。三是寻求支持。村级发展离不开上级政府的支持，在政策条件允许的情况下，向政府申请建设预留用地指标。如昆山泾河村就在发展初期预留了一些建设用地，为村级集体经济的后续发展提供了较充足的空间。

二、依托区位优势发展村级集体经济带来的启示

苏州依托区位优势发展村级经济给我们带来以下一些启示。

1. 把握城乡（镇）规划布局是关键

随着城市化的扩张，近郊村的发展已经融入到整个城镇中，发展已经不是一个村的事情，而是涉及镇乃至区的整体发展。目前，这些村的投资项目、引进的企业都由上一级政府进行严格把关，有些村的发展规划已经纳入到镇乃至区的整体规划中，进行统筹考虑。这些村在受到外部环境发展正辐射的同时，也受到上一级规划的制约，发展的自主性、空间进一步被压缩，如何把握好城乡（镇）规划布局是未来发展的关键。

2. 思维创新是持续发展的保证

发展村级集体经济的关键在于创新思维，增长智慧。要跳出传统，跳出常规，不跟潮流，不套用模式，善于思考，寻找可以创新的点。对于近郊村而言，资源的匮乏是最大的制约，不能因为困难不进行发展，拓宽思路，垃圾也能变成资源，如泰元社区的村级集体经济发展就是一次次变废为宝的历程。

3. 超时俱进是率先发展的必要条件

近郊村发展起步早、发展快，这和村领导班子始终能加强对宏观形势的分析研究，超时俱进，找到机遇发展的时间节点，及时把握好机遇、抓好机遇、利用好机遇密不可分。在乡镇企业大力发展的20世纪80年代，加快推进二产的发展，形成特色产业，奠定了村级集体经济发展的基础。乡镇企业发展乏力后，转制成私营企业，并将土地出租给个体经营者，收取租金。在城市快速发展阶段，土地价值大幅提升，逐步转型升级，引入高新技术，制定企业准入标准，提高土地投入强度。每走一步，都要跟上时代发展的步伐，要具有超时俱进的眼光，村领导班子广泛征求意见，并请上级领导"把关"，稳步扎实推进村级集体经济发展。

三、依托区位优势发展村级集体经济过程中存在的问题

依托区位优势发展村级集体经济从目前来看也存在一些问题,需要正视和解决。

1. 经济收入来源单一

收入来源基本来自标准厂房出租收入。多年前,土地相对价值较低,村级集体土地产生效益的模式是集资建设标准厂房,招租,收取租金。而目前,土地的价值随辖区社会整体的发展而显著上升,在一个适合先进业态的区块保留只适合普通工业使用的标准厂房成为一种对资源的浪费。加上标准厂房本身的投入产出效益不高,即便不考虑土地使用成本和厂房的折旧,仅仅是资金占用的负担也使得现阶段标准厂房的出租收益利润微薄,有的区块甚至出现了可预期的亏损。目前,有一些村已经开始转型,像天平村,逐渐通过二次收购、改造等方法,将经济收入的重点从出租标准厂房转向商贸服务业等。在土地市场越来越规范的情况下,土地资源的取得通过招拍挂取得,土地的价值更高,再建标准厂房的成本就会更高,如何转型升级是亟须解决的问题。

2. 缺乏合适的投资渠道

经过20世纪初末的快速发展阶段,这些村大多都积累了丰厚的资产,如何使资产增值,也是这些村在今后发展中面临的重要问题。目前,在政策法规约束、技术性壁垒、总体规划制约、发展空间小等多重压力下,村级集体经济缺乏合适的投资渠道,大的投资项目风险也大,这也是不少村在发展中选择投资传统标准厂房的主要原因。在发展规划中,不少村或社区都选择稳中求进,以资产的保值作为首要任务。

3. 管理模式尚需创新

村级集体经济发展壮大以后,管理的事务较多,一些村实行了政经分离,组建专门管理集体经济发展的公司,但是这种公司在资金、规模上不能与大公司相比,在人才引进上缺乏力度,一般都是由村党支部书记担任,虽然对村里情况较为了解,但对先进的管理理念、先进的管理制度等方面的知识有所欠缺。经济的发展壮大,需要更专业的人才,但

是由于工资待遇、工作环境、成本等原因,公司的主要职位还是由村里的一些老干部担任,在市场要求越来越专业化的情况下,对人才的要求越来越高,管理模式上的进一步创新是发展的必然要求。

  从今后的发展来看,近郊型村面临的最大问题是资产的保值,这些村的集体经济都已达到一定规模,要运作现有资产,使资产不贬值,农民的利益不被损害,就要拓宽投资渠道。一是异地开发。发展空间小的村、经济实力强的村可以尝试异地兴建或购置物业,明确产权和收益归属村集体。二是结对发展。这些村一般集体经济较发达,但存量资产少,发展空间受到规划制约,可以与存量资产丰富、土地空间多的经济薄弱村结对发展。通过签订联合投资物业协议,统一租赁经营,明晰产权,实现资金与资源的互补。如相城区的泰元社区,社区经济发展实力较强,同属于开发区的其他几个村或社区经济实力弱,可以考虑联合开发。对市场前景好、村集体缺乏开发实力的项目,可以招标确定项目业主,由业主实施项目建设,在一定期限内业主以经营项目的收入和部分租费抵充投资,项目产权为村集体所有。

案例一 天平村:"掘金"轻轨,寻求经济发展新突破

一、概况

木渎镇天平村位于风景旅游胜地灵岩山、天平山东麓,2003年由原来木渎镇的新华、天灵、天平三村合并而成,现有本村常住人口4978人,共有29个自然村,总户数为1354户,全村面积达5.5平方千米,坐拥木渎北部新镇区,紧邻轻轨一号线始发站。2012年4月,苏州轨道交通一号线通车,苏州迈入"轻轨时代",天平村一下子被推到苏州城市中心,为发展带来新契机。轻轨"龙头"的落户更给沿线的商贸服务业带来了巨大的发展空间。在工业经济取得长足发展后,依托新的区位优势,掘金轻轨一号线,天平村开始着手规划发展以商贸业为主的现代服务业,以寻求村级集体经济发展新的突破。

在上级党委、政府的正确领导下,全村上下围绕"三年翻一番,六年翻两番"的发展目标,大力实施"退二进三",不断壮大集体经济,村级经济和社会事业协调发展,取得了显著成绩。全村目前有工业厂房15.3万平方米,三产用房17.3万平方米,村级总资产8.06亿元,其中经营性资产7.5亿元,2015年实现村级可支配收入6517万元,稳定收入6150万元。天平村立足于全市、吴中区社会发展的大形势、大背景,不断深化农村经济改革,建立了完全适应本村发展的模式。"环抱"着木渎新镇区和轻轨"龙头",天平村的目标是,再经过近十年的拓展,使全村的年物业经济收入突破1亿元,使天平村成为坐在轻轨上的"龙头村"。

二、发展历程

改革开放前的天平、新华、天灵三村合起来共有耕地4300亩,是以粮油生产为主的单一农业村。合并前的原新华村是农业先进单位,农业产量高,但群众收入低,农民只能吃饱肚皮,居住条件差,出行走泥

路,通讯靠广播,虽然地处"苏杭天堂",充其量也只能算是一个温饱村。

1. "一产加二产"稳坐龙头

20世纪80年代,在农民实行家庭联产承包责任制后,天平的经济生产模式由单一的农业经济向农、副、工三业综合发展转变。1979年年底,天平村仅靠4万元贷款及4间旧房,创办了漆包线厂,获得效益后,采用滚动式的生产经营方式,又创办了新华针棉织厂。天平人以漆包线、棉纱线"两条线"联结市场,艰苦创业。随着经营规模的不断扩大,又建了水泥制品厂、漂染厂等16家企业。这一阶段,天平大办工业,利用地处木渎镇新开发的金山路这一优势,先后共办起了300余家企业,形成了漆包线、棉纱线两大特色产业,其中,漆包线被评为部优产品,工厂为机械工业部定点企业。在缺资金、无技术的情况下,天平人探索出一条发展村办工业之路。

2. "三产崛起"夺阵地

随着社会主义市场经济的发展,市场竞争逐渐激烈,村办企业实行的是吃平均主义"大锅饭",经济效益低下的弊端初现,改制势在必行。在这种情况下,天平村将30多家村办企业进行全面改制,建立了以土地、厂房等主要生产资料为集体所有,大力发展民营企业的双层经营机制,调整创办了民营工业小区、农贸市场,通过招商引租,民营经济迅速发展。仅新华工业小区就引进了38家民营企业,原新华村集体净资产从800万元递增到3500万元,村级可支配收入达到350万元。至2007年年底,在天平村落户的民营企业有132家,总资产8797万元,全村企业上缴税金达1.5亿元,上交村里租金1700万元。

进入20世纪90年代中后期,木渎开始兴起旅游业,苏州高新区的商贸区向木渎延伸,金山路成了木渎镇最繁华的地段,企业、商家、餐饮娱乐业纷纷抢滩这块黄金宝地。天平村正处于木渎发展的中心位置,区位条件得天独厚,但到2002年,随着城市扩张,天平村的4700亩土地全部被征用。地处黄金地段,发展却没有空间。2004年吴中区和木渎镇的一个决策,为天平村发展创造了一个"夺回阵地"的机遇。这一年,天平与相邻的新华、天灵两个村合并,组成了新天平。

合并后的天平村,把三个村的资源重新整合,在刚刚兴起的商战中打响了阵地保卫战。2006年,天平人"退二进三",投资1.33亿元,将原有的工业小区,规划建成了奥玛尔国际时代广场、香港街商业广场、范家场商业广场三个商业板块。这三个项目一年就为村里增加了2000多万的收入,创造了2000多个就业岗位,更为村民提供了创业当老板的机会。

3. "退二进三"抢商机

"退二进三"的战术使天平村的集体经济实现了从百万到千万的跨越。五年中,天平的厂房减少了8万平方米,而商业用房增加了30万平方米,这一减一增,使天平人在强村富民路上实现了"三级跳"。

此前,天平已经是苏州农村集体经济的佼佼者。村里的300多家企业一年就上交200多万元,但这都来自于厂房租金,多年来都没有新的经济增长点。而村里的开销及社会事业、村民福利等支出却在水涨船高,如果没有新的增长点,富民强村就是一句空话。

天平人积极转型升级,在自己的土地上掘"金子"。金山路周边是木渎镇近年来新形成的居住区,居住着一万多名居民,但是一千米长的金山路没有一家农贸市场,居民买菜都要到古镇区内的翠坊市场。看准这一商机,天平人把原有的厂房拆除,腾出黄金地段,投资200多万元,建造新华农贸市场,第二年,又投资建造花卉市场。两个市场大大方便了附近的居民,金山路上有了商气,而天平村的钱袋子一年就增加了60多万元。

受此启发,天平人把金山路沿路的旧厂房全改为商业门面房。思路一变,草鸡变成了金凤凰,门面房租金一下子涨到了250元每平方米。随着苏州高新区的"逼近"和木渎镇的"扩张",放在天平人面前的商机越来越大,苦于没有发展空间的天平人决定"减二增三"。他们首先将10多个工业小区合并为8个,并根据产业特色分成服装、五金加工、注塑等专业区。对一些占地面积多、效益不理想的企业进行调整,把有污染的企业请出工业区,腾出发展空间,抢占木渎发展商业机遇。

2006年,天平村大胆决策,拆除3万平方米厂房,建三个大商业广场。一石激起千层浪,村民的支持、怀疑、担心一时四起。于是村干部给村民算了一笔账:当时厂房出租一年,一平方米只有100元至120元的收入,而建成商铺后一年能增加到260元左右,而且这三个商业广场建成后总面积近10万平方米,面积比原来的厂房面积增加了近6万平方米。账一算,赢得了全体村民的支持。

目前,奥玛尔国际时代广场、香港街商业广场、范家场商业广场这三个商业广场已基本全部出租,一年租金超过2000万元。村民发现,这比原来预算的还要好,因此当启动二期商业项目时,村民立马举手赞成。有了村民的支持,天平村兴建二期项目的动作更大,除了继续拆厂腾地外,还借地开发。等这些项目全部完工,木渎的商业基本上就是天平的商业了。

新华商业广场余下在建项目4.7万平方米,于2012年年内竣工,整体项目可实现租金收入2000万~2500万元;姑苏印象文化村预计在2013年年底竣工。加快对待建项目的规划,天灵、天平山物业三期设想利用灵天线大约2.7千米的山地资源,对区域内的道路进行全面整修,同时将该区域建设成集养生、餐饮、农业采摘等为一体的综合旅游项目。

新世纪以来,天平村以市场为导向,发挥本村区位优势,及时调整产业结构,"退二进三",发展三产服务业,不断壮大集体经济实力。以前天平村以招商引资、办工业小区、建造标准厂房和住宿楼为主,计有出租厂房面积17万平方米、配套用房2万平方米。近两年,天平村根据区位优势、环境建设的需要,重点突出"退二进三",将适合发展三产服务业的路口、地段,全力改造建设成为商贸区。

三、主要做法

1. "退二进三",做强集体经济

根据木渎建设苏州西部城市中心的规划,产业要转型升级,天平村开始逐步退出二产,发展第三产业。天灵物业将原来的天灵工业区厂房拆迁,"退二进三",建成以时尚、新颖为主题的香港街商业广场。2008年11月,总投资6000万元、总建筑面积38000平方米的香港街商业广场一期正式竣工开业,怡美购物广场、如家连锁酒店、粗菜馆大型餐饮等一系列商业品牌争相入驻。目前,香港街商业广场经营情况良好,房租收入达800多万元。凭借香港街商业广场累积的人气,2009年6月,广场二期——苏州芭提雅娱乐休闲广场开建,目前已经全部投产,该项目总投资9500万元,建筑面积56366平方米,规划建成集特色餐饮、休闲会所、商务客房为一体的娱乐中心,大批知名品牌已入驻,每年平均增加收入1800万元。新华物业在木渎镇的商贸区,建设了38000平方米的奥玛尔国际时代广场,开发商贸服务业;天平山物业在灵岩、天平山旅游景区和苏州轻轨一号线终点站建设了21000平方米的范家场商业广场,开发宾馆、住宿楼,2012年年底全部交付使用,2013年可增收2500万元。现在三产的二期工程占地135000平方米的建设项目的规划设计,已经审批完毕,目前正在火热招商中。此项工程全村人均一股,每股5万元,每年每个村民(股东)可稳定分配红利1万元,全村可以增加收入4000万元。

2. 严抓招商质量,提升整体层次

"退二进三"后,天平人对招商质量严格把关,扩大招商选择范围,多点筛选,提升商圈整体档次。新华商业广场及"姑苏印象"文化创意园是天平村未来重要的经济增长点。新华商业广场一期4万平方米已经建成投用,在建设项目的设计、规划、功能上,天平人反反复复做了多次市场调研,进行可行性分析及论证等工作,在规划、设计、项目定位上力争做到符合城乡一体化高水平发展方向,设计理念具有时代特征。为提升商业广场的招商层次,把有品牌、有实力、有信誉的客户招进来,合作社先后赴浙江、上海、深圳等地进行招商,成功吸纳韩国品牌大型综合超市——易买得入驻。新华广场二期10万平方米即将完工,国内一流的百货零售企业——天虹百货等知名品牌入驻,除了天虹百货,还有一些配套的写字楼,其中80米高的新华大厦是木渎的地标建筑。

2012年,天平人着手打造"姑苏印象"文化创意园项目,该项目紧邻天平山景区,北面正对天平山景区入口,东临轨交一号线综合基地,地理位置得天独厚。项目所在地原本为石料工厂,创意园建成后,将以优美的景观代替现在的石料工厂,改变现在工厂严重污染环境的局面。文化创意园已于2012年6月奠基,整体定位为融传统文化、旅游资源、创意为一体的生态旅游文化创意园,主要引入非物质文化遗产传承基地、大师工坊、养生庄园、主题酒店以及其他商业配套设施,设想把天平村、木渎乃至苏州其他地方的非物质遗产传承人都引进到姑苏文化创意园来。创意园将作为一个平台来展示这些非物质文化遗产,并依靠专业经纪人协助交易运作,被打造成一个类似北京798、淮安523、深圳西乡F518的文化创新创意园。姑苏印象文化村项目的目标客户是一些具有较好经济基础、较高文化水准的人士。创意园将传统的景观旅游转变为主题休闲观光旅游,以期带动旅游周边衍生产业的发展,成为有木渎特色的旅游文化产业。

3. 拓宽增收渠道,推动经济转型升级

在大力发展物业经济的同时,天平村受到土地资源、发展空间的制约。天平村将在建设新载体、转变新方式中下功夫,保持村级集体经济的健康持续增长。

一是整合资源,建设经济新载体。收回、拆除部分租金和税收低的小企业,整合土地资源,建设新的经济载体。天平村已经对新华社区65亩旧厂房进行回收,盘活可用土地,依托木渎集团抱团合作,发挥各自优势,做大做强合作项目,实现互利共赢。

二是审时度势,经济多元化发展。积极探索战略合作、抱团开发,对一些稳定项目、有利于促进可持续发展的项目,考虑采用租金入股的方式增加资产性收入,转变只依赖收入租金的方式,在确保村级集体资金安全和增值的前提下,通过新的渠道,投资新的项目,切实提高土地资源利用率和回报率。

三是科学管理,开辟收入新渠道。调优、调强、调活二产企业布局,积极引导异地注册企业,力求实现租金、税收双赢局面。注重开源节流,通过严格审批制度,加强对水、电等各项可控费用的监管控制,建立OA办公系统,实行无纸化办公等,进一步压缩经济发展成本,最大限度地提高经济效益。

4. 依托股份合作社,打造富民广场

资金是目前村级集体经济发展的最大瓶颈。2003年,天平村三村合并后,先后建立了新华、天平、天灵三个社区资产股份合作社,将全村2.1亿元的村级资产拆股量化到每个村民,使村民人人持有股份。2006

年先后组建了三个物业股份合作社,采取村民入股收益分红的形式,村民每人最多可以入股5万元,分红率为10%~12%。目前,村民入股的多个项目已经启动并有收益。其中,天平村天灵物业股份合作社于2006年8月22日组建,拥有股民368户约1400名,368户农户入股资金2000多万元,入股率达95%以上。经过细致的科学调研论证,天平村天灵物业股份合作社一期建设项目建成后,股民每股可分得12%的红利;新华合作社目前有2000多位股民。2011年,天平村1423户均分红1.1万元,较2010年增长2000元,400多拆迁户还参加了镇里的惠民合作社,每户入股8万元,2010年每户分红2万元。村民入股合作开发成了天平村富民强村的有效途径。第一期开发建成了奥玛尔国际时代广场、香港街商业广场、范家场商业广场,随后又打造了苏州芭提雅娱乐休闲广场和新华商业广场。短短几年时间,依托农村合作社,小小一个村就打造了五片富民商业广场,村民人人有分红。

四、经验启示

1. 只租不售,奠定集体经济基础

天平村在1994年的村企转制过程中,实行了动产拍卖、不动产租赁的转制原则,门面房、厂房及土地都归集体所有,这一做法给天平村集体经济的迅速发展打下了坚实的基础。随着城市化的发展,天平村面临大规模的拆迁,以及36家门面房、17家企业的拆迁搬迁等工作。由于这些门面房、厂房及土地都归集体所有,在拆迁过程中,36家门面房拆除做到了零赔偿,17家企业全部搬入2007年规划建造好的3万平方米工业厂房内,从而节省了新华商业广场的建设成本。

2. 村民"三会"促集体经济良性发展

随着一个又一个项目的开发建设,天平村的物业"摊子"正越摊越大,90%以上的村民出钱参股,年投资回报率为10%~13%。2008年,村级净资产达到2.6亿元,村级总收入2750万元,村民人均年收入达18000元,共分配红利982万元。为了用好集体资产与股金,最大限度地让村民得益,天平村做好了民主监督工作,凡是有关于物业项目建设、招商的所有决定,都要通过"三会"——董事会、监事会、股民代表大会。董事会由三个合作社的负责人组成,监事会和股民代表大会都由股民组成,董事会的每项决定得到50%以上股民代表的表决才能生效,同时还要受到监事会的监督。从合作社成立至今,"三会"已经召开过30多次。除了"三会"以外,村里还有民主理财小组。小组由村里懂得财务知识的7位普通村民组成,村里所有开销的票据每月都必须得到小组成员审核签字,然后在村务公开宣传栏公示,村民对村里的日常开销了如指掌。透明公开的项目进展与财务开支让合作社走上了良性发展的道路。

五、存在的问题和发展思路

天平村在村级集体经济发展的过程中也遇到了一些困难和瓶颈,主要有两个方面的问题。一是资源短缺。"退二进三"置换出的土地大部分用来开发三产用房,在不断提高单位土地产出时,也使天平村受到了土地资源有限、发展空间有限的制约。目前,天平村已经没有可开发利用的土地,土地资源的短缺,可开发空间、载体的进一步压缩,直接影响到村级集体经济的发展。二是土地成本增加。土地资源使用权的取得主要通过土地市场的招拍挂,成本过大,项目利润减少。再加上目前政府不鼓励实施"退二进三","退二进三"受限制,较多项目无法申报和实施,这势必使天平村的发展受到限制。

如何突破条件限制,可持续发展?随着城市化的进程,天平村的发展必将融入到木渎镇、高新区的整体规划中,高端商业、休闲旅游是今后发展的重头戏。"姑苏印象"文化创意园项目就是天平人开发休闲旅游经济的一次尝试。未来,新华物业所属白塔河以西200亩地,将依托周边城市规划做物流相关配套项目,天灵、天平物业沿山风景区将做休闲旅游、户外拓展运动等相关项目,如攀岩、山地自行车、小型山地高尔夫的训练场等。

【思考题】

1. 在乡镇企业转制过程中,天平村采取的哪些做法为后来的村级集体经济发展夯实了基础?

2. 面临资源制约的现状,天平村应采取哪些措施破解难题?

案例二　泰元社区：抓机遇，寻资源，实现发展新跨越

一、概况

泰元社区位于相城经济开发区澄阳产业园，东临227省道、苏嘉杭高速，西靠相城大道，区位优势明显。泰元社区由原蠡口镇的采莲、灵前、登云、黄泥浜和太平镇的林巷五个行政村分别于2003年5月、2005年3月两次合并而成，2007年10月正式撤采莲村建泰元社区。辖区面积为8.99平方千米，常住居民有7362人，外来人员有3万余人，是一个城市化进程中典型的由拆迁安置农民组成的过渡型社区。

在城市化推进过程中，泰元社区始终坚持把集体经济发展作为最重要的工作之一，不断克服资源匮乏、资金紧缺等困难，依托地理区位优势，紧抓城市建设带来的新机遇，解放思想，创新理念，从一个没有资金、资产、资源的"三无"经济薄弱村发展成为村级总收入近4000万元的市级先锋村，走出一条卓有成效的发展之路。截至2015年年底，泰元社区总资产达到1.68亿元，村级集体收入达到4066万元，人均纯收入近30000元。

二、发展历程

1. 寻求支持，挖掘"第一桶金"

泰元社区在并村初期，因相城开发区的拆迁开发建设，土地被全部征用。2005年三个小区大规模搬进拆迁户后，集体资产几乎为零，合并初期的泰元社区是一个无资本积累、无资源优势、无发展空间的"三无"社区。社区的居民大多数是没有文化的村民，如果到劳动力市场找工作，困难可想而知。集中居住后，如何解决居民的生活问题成为摆在泰元社区党委面前亟须解决的问题。2003年，泰元社区党委希望利用相城经济开发区的良好地理优势，引进有实力的企业，合作开发建设，建

成仓储用房、标准厂房和商业店铺用于出租(售),但是当时的泰元社区已经完全城市化,发展的空间、资源在哪里?相城经济开发区当时也正在开发建设的初期,在泰元社区的原村址,位于澄阳经济开发区有一块16亩地的荒废鱼塘,这块鱼塘由于长期废弃,土地不平整,一直都未开发。泰元社区党委抓住这个机会,向上级说明泰元社区目前的困境以及对土地的规划利用,打报告申请使用这块土地。上级考虑到鱼塘的开发一方面可以解决当前泰元社区的收入问题,另一方面也提高了土地的利用率,减少土地的闲置,便批准了泰元社区对这块地的使用权。泰元社区借鉴房地产开发理念,通过商品房预售的方式筹集到72万元的启动资金,拿下了这个水深10米的荒塘,将其填土平整,建成了16000平方米的仓储房、标准厂房和商业店铺。由于地理位置好,厂房盖好后,全部出租,实现净收入1500万元,掘到了"第一桶金"。此后,泰元社区每年便有了稳定的收入来源,村级集体经济发展开始步入轨道。

2. 优化资本形式,实现资本效益最大化

掘取到"第一桶金"后,泰元人没有满足目前的状况。为了让泰元人过上更幸福的生活,泰元社区党委不断寻求发展机遇,打出了一套漂亮的组合拳,为社区集体经济的发展注入了活力。2005年,泰元社区出资1400多万元在开发区购买了一幢4300平方米的门面房进行出租。2005年,泰元社区党委发现泰元小区在规划建设时由于没有农贸市场,群众买菜要到4千米以外的地方去买,非常不便,便与信琦电子协商,回购开发区内4块零散闲置地块,共14亩土地,投资1000万元建造了泰元农贸市场,既方便了居民生活,又增加了收入。另外还建设了康元路打工楼和杨家浜两个仓储房。2007年,争取到澄阳产业园内烂尾项目正基工业坊的二次开发权,投资6000万元建成了3.8万平方米标准厂房,办起了采莲工业园。现在,采莲工业园里已经入驻了11家企业,不仅为相城经济开发区带来了"税源经济",也为泰元社区培育出了"楼宇经济",每年租金收入就超过580万元。同时,在采莲工业园的附近,投资开发了采莲商业广场,不仅实现了与相城中央商贸区的并轨,也取得了较好的经济效益。2008年,投资4000万元,建造了总面积达24000平方米的泰元商业街。康元路边上有一方废弃地,这块地建标准厂房太小,开发房地产又不符合规划,泰元人"见缝插针",在不违反规划的前提下造起了5400平方米的打工楼。打工楼不仅解决了周边企业3000多名员工的住宿问题,也为社区每年增加了120万元收入。

3. 拓展发展空间,做大做强集体经济

2007年,随着澄阳经济开发区的发展,外来人口逐渐增多,为了合理保障原村民的利益,也为了适应市场经济的需要和更好更快的发展,2007年,泰元社区对集体资产进行了股份制改革,成立泰元社区股份合作社,每人一股,持股的村民年底分红,股红分配每股每年200元。2009年,为了扩大经营,方便融资,加快发展,又成立了隶属于社区股份合作社的泰元经济发展有限公司,在确保集体资产安全的前提下,以现代经济管理、发展模式进行集体资本最大化操作,优化资本形式,促进集体经济的可持续发展。嘉和公司在相城大道与依福路旁有一块地,闲置多年,上面堆放着废弃物和垃圾,环境卫生条件差,严重影响周边居民的生活。2008年,泰元社区党委用采莲工业园的厂房与嘉和公司置换土地,建设成依福路农贸市场,每年租金收入达200万元,不仅有效治理了该区域的环境问题,也增加了集体经济的收入来源。泰元人还充分利用紧靠江苏蠡口国际家具城的区位优势,挖掘市场周边配套服务业相对滞后的商机,通过收购、改造等办法,投资开发家具城中的百盛路"三产一条街",改造沿街店铺用于出租,发展餐饮、住宿和日用小商品销售等零售服务业,增加收入。2010年,发展公司又斥资对前期收购的蠡口派出所老办公楼实施"二次开发",将其改造成经营性质的商业用房,预计每年租金将达300万元;又成功开发了采莲商业广场,不仅实现了与相城中央商贸区的并轨,还取得了较好的经济社会效益。

随着相城经济开发区开发建设的不断推进,泰元人充分发挥位于规划建成区中心,紧贴相城中央商贸区的区位优势,大力发展商住租赁和现代服务业。经过一系列项目的开发建设,社区经济从零开始,实现了快速腾飞。

三、主要做法

1. 坚持以人为本,打造项目惠民生

泰元社区在发展集体经济的同时,优先打造民生工程,惠及广大村民。最早在 2005 年,考虑到小区建设周边没有菜市场,泰元社区建造了泰元农贸市场,2008 年、2009 年又根据居民的意愿,分别建立了依福园农贸市场和登云农贸市场。这三个市场地理位置良好,如果改成写字楼或者标准厂房,项目利润至少增加 20%,但泰元人认为,牺牲 20% 的利益而赢得 80% 百姓的支持是合算的。在听到居民反映晚上出去没有休闲散步的地方后,泰元人打造了采莲商业广场,为居民奉献了多台晚会,平常采莲广场就是周边居民跳广场舞的活动场所。泰元社区还在泰元商业街的核心地段腾出位置建造了 1400 平方米的居家养老中心,解决了社区 60 周岁以上孤寡、空巢、困难、高龄老人的照顾问题。

2. 实行政经分离,建立现代企业制度

随着城市化进程和泰元社区的不断发展,集体经济组织社会事务日趋增多,服务管理对象复杂,集体经济负担日趋加重,原来的管理模式已经不能满足发展的需要。2009 年,泰元社区实施改革,成立了泰元经济发展有限公司,该公司属于泰元社区股份合作社,政经分离,村委会和社区股份合作社在泰元社区党组织的领导下,各司其职,行政管理和经济组织分开管理,实行双轨运行。泰元社区党委书记王小男担任公司总经理,村里已经退休的三名老干部被聘请到公司任职,主要负责资产投资方面的业务,这三名老干部在村里做了几十年的经济工作,一个熟悉现场,一个精通审计,一个了解投资,熟知当地的经济发展情况。社区股份合作社遵循市场化运作,引进现代经济管理理念,以建立现代企业制度为方向,产权清晰、责权明确,科学的集体资产管理体制和运营机制,确保社区集体资产保值增值。社区股份合作社单独设立财务经济账,独立核算。

3. 实行滚动经营,化解资金难题

发展过程中,除了资源条件外,资金是另一个重要的条件,资金瓶颈制约是集体经济发展遇到的普遍问题。如果从银行贷款,贷款的额度有限;如果从融资渠道,利率较高,会增加集体经济发展的债务负担。泰元人综合考虑各方因素,采取滚动经营模式,解决资金难题,零负债运行。每一次开发,泰元人都十分注重项目本身的适用性和发展前景,做到资金的筹措与及时回笼,租售相结合,一个项目的收益用于另外一个项目的开发,降低资金风险。2012年,泰元社区的可支配收入已超千万,负债却为零,实现了村级集体经济的良性发展。

4. 依托区位,发展"楼宇经济"

泰元社区抓住高铁新城和开发区澄阳产业园实行"退二进三"的机遇,参与城市化建设,通过盘活存量土地、回购土地等,开发综合型用房,用于建设功能齐全、环境优美、空间富余的一站式服务大厅。通过周边店铺招商引资,形成集办公、休闲为一体的社区邻里中心,在增加村级租金收入的同时,为居民提供了更为健全的生活配套设施。

四、经验启示

1. 组织保障是夯实村级发展的基础

一支强有力的领导班子,只有形成合力才能带动集体经济的快速发展。"火车跑得快,全靠车头带。"泰元社区村级集体经济有今天的发展,没有一个优秀的带头人,没有一个战斗力强的组织是很难达到的。在社区经济最困难的时候,有千万身家的私人企业主王小男毅然放下自己的厂子,担任村党支部书记,在发展村级集体经济上,他充分发挥了自己经商和管理的聪明才智,带领一班人,十几年如一日,一心扑在社区的建设发展上。在他的带领下,社区集体经济从零起步发展到2012年总资产达1.88亿元。王小男担任村党支部书记之始,第一件事即着手整顿班子,加强对党员的教育管理,并随着社区的发展,创新教育管理方法,开展多种形式的党建活动,打造高素质的党员队伍。通过设立党员先锋墙、党员值班席、党员中心户,开展特色鲜明的主题活动,成立青年党员科技服务队、老党员传统教育宣讲队、巾帼党员服务队等创新党建工作载体,充分发挥党员在社区建设发展中的先锋模范作用。正因为有王小男这样不计个人得失、一心为公、敬业奉献的优秀带头人,有社区党委这样一支坚强的领导班子,有广大党员的凝心聚力、奋发作为,泰元社区才有今天的成就。

2. 解放思想是社区发展的根本

泰元社区发展之初,最大的难题在于没有资金、没有资源、没有资产,"巧妇难为无米之炊",集体经济的发展该从何谈起?泰元人坚持解放思想,主动出击,积极作为,千方百计找项目、筹资金,没有资源找资源,利用周边一切可以利用的废弃地、边角地,通过合理规划,把它们变成一棵棵"摇钱树"。在集体经济发展之初,泰元社区还借鉴先进的房产经营理念,通过商品房预出租的方法,先期筹集一部分门面房出租资金交给开发商进行建设,建设完成后,厂房、店铺出租后的资金再支付余下的工程款,有效加快了资金的周转,解决了资金难题。

五、存在的问题和发展思路

泰元社区在发展中也存在一些问题,主要有以下几个方面。一是发展主体小。泰元社区在集体经济的发展过程,除在起步阶段对外寻求帮助外,基本上靠自身发展,发展主体小,资金量少,融资能力、品牌建设和市场竞争等方面与其他抱团发展的村和大的集团公司相比都有一定的差距,在市场竞争中难以取得大项目。泰元社区在土地使用权的取得上,基本上依靠政府政策倾斜,如果完全市场化,参加土地招拍挂,没有竞争力。再加上泰元社区在经营方式上实行滚动经营,等一个项目有了收益以后才开始下一个项目的开发,易错过优质项目的开发时间。随着城市化建设的发展,依托标准厂房、写字楼出租的发展模式将会越来越不利。村级集体经济的发展将融入城市化、城镇化,大项目、大投资是发展趋势,小的投资利润空间逐渐被压缩。二是发展空间小。泰元社区的集体经济发展主要依靠澄阳经济开发区入驻的企业、蠡口家具城等成熟市场带来的租客和人流,发展空间局限在澄阳经济开发区周边,随着周边的配套开发越来越成熟,发展空间将越来越小。在今后土地资源制约越来越大的情况下,异地发展、跨区域发展就是趋势。三是规划制约。泰元社区在发展过程中还受制于相城经济开发区的规划,一些大项目被开发区招商过去,由于上级领导的变动,对澄阳经济开发区的规划有不同的理念和思路,这使泰元社区在投资决策上受到一定程度的影响。

泰元社区今后的发展目标是每年上一个项目,逐年增加收入,2013年打算斥资收购一家经营不善的高尔夫球场,准备将该物业简单改造成厂房出租。泰元社区党委提出"跳出社区、寻求空间"的发展思路,认真部署参与开发区优质项目建设的相关工作。同时,将不断努力向上争取更多的支持和政策扶持,拓宽增收途径。

【思考题】

1. 泰元社区如何在没有土地、没有资产、没有资源的情况下发展集体经济的?

2. 泰元社区在抱团发展条件不成熟的情况下,村级集体经济发展模式该如何转型?

案例三 泾河村：做好集约文章，彰显经济效益

一、概况

昆山市玉山镇泾河村地处昆山市中西部，紧邻昆山高新区，村域面积达 2.3 平方千米，有着昆山"经济第一村"美誉。泾河村有 6 个村民小组，530 户农户，户籍人口 1960 人，外来人口 22000 人。2000 年 7 月，泾河村、北渔村两村合并。随着昆山工业化、城市化建设步伐的加快，泾河村土地逐步被征用，成为城市化进程中又一个无地村，整体呈现出"乡村变城市，农民变市民，村委会向社区居委会延伸"转变的城乡一体化格局。

改革开放以来，得益于昆山发展的大环境以及背靠"华夏第一镇"玉山镇这棵大树，再加上优越的地理位置，泾河村一班人在发展村级集体经济的过程中，解放思想，拓宽思路，实行"跳出农业抓发展，跨出地域抓发展，发挥地域优势促发展"，从最初单一发展农业，到目前已经形成集体工业、商业、房地产业与服务业于一体的产业格局，村级经济得到长足发展。

2010 年，昆山市提出全力实现"保增速、促转型、上水平、抓特色、强队伍"的目标，村级经济如何实现转型升级、增强其发展活力？沐浴在玉山镇以及全市良好产业环境和蓬勃发展态势中的泾河村，2012 年村级集体经济收入超 4000 万元，村民人均收入突破 25272 元，实现了历史性的突破和跨越，连续三年排在昆山市第一位，成为名副其实的"经济强村"。站在新的起点上，该村通过整合现有资源、调整发展模式、转变思路谋求新发展，用科学发展的实际行动为转型升级作出了生动注解。

二、发展历程

1. 单一的农业经济发展期

这一阶段在 20 世纪 80 年代之前。20 世纪 50、60 年代的泾河村是

一个交通闭塞、经济落后的农业穷村,村民过着"吃救济粮的日子"。到了70年代,泾河村还是一个以单一的农业为主的经济薄弱村,村民过着"温饱型"日子,直到80年代初全国实行家庭联产承包责任制以后,泾河村才开辟了"农林牧副渔并举发展"的格局,农民身上减轻了"两金一费",农村集体经济开始有所起色。

2. 乡镇企业异军突起期

20世纪80年代,改革开放之风吹醒了苏南农村,在村级集体经济的发展史上出现了第一个重要拐点。泾河村抓住改革之机,1984年,村里办起了第一家村办厂,主要加工涤纶原材料。伴随着苏南乡镇工业化的急行军步伐,村办厂迅速兴起,先后办起了40多家以纸箱制造业为主的集体村办企业,村级集体经济逐步壮大,第一次实现了农民"农闲务工,农忙务农,离土不离乡,进厂不进城",村民生活奔小康。1993年,泾河村因为投资失误,村级集体经济负债超过总资产,新上任的村党支部书记王桂林临危受命,带领村委会一班人,对原村办集体企业进行资产评估,实行转制改制,鼓励本地区私营业主租房办厂,当年就摆脱了困境,村集体所属1万平方米的厂房全部出租,村集体光租金收入就达到150万元。此后,村党总支一班人不断创新工作思路,逐步壮大了村级集体经济的实力。这一时期村办企业的蓬勃壮大为泾河村今后的发展夯实了基础。

3. 经济发展跨越期

到了新世纪,昆山借助地理优势,快速崛起。1997年,昆山高新区成立,2010年被国务院批准为国家级开发区,外部环境的创造给泾河村的发展带来了很大的机遇。依托着地理位置优越、交通发达、通信便捷的优势,紧抓昆山工业化、城乡一体化进程机遇,村党总支班子团结拼搏、务实创新,切实转变经济增长方式,土地实行集约利用,泾河村的发展实现了质的突破。这一阶段,泾河村根据昆山市总体发展的要求,加快转型升级,对老厂房进行改造,逐步对污染大、效益低、投资强度不够的传统企业实施搬迁,引进高层次的产业,在商贸中心地段实施"退二进三",以发展商贸、服务业为主。近些年,泾河村的发展模式逐渐从传统的物业租赁模式向高新技术产业和新型产业领域纵深,不断提升产业的整体档次。泾河村还将一些优质资源的投资发展纳入到高新区的整体发展中去,产业项目实现不断提升。村级经济连续5年实现了15%以上的增长,2012年村级集体经济总收入超4000万元。

三、主要做法

1. 集约用地,挖掘有限资源的"蓝海"

"以地生财,以地聚财"是发展壮大集体经济的重要手段和途径。20世纪90年代,由于集体乡村企业"小而散",有些企业土地征而不用,有的企业少占多用,造成了土地资源的浪费和不能充分有效利用,制约了村集体经济的发展。尤其是近几年,泾河村充分利用地处城郊结合部、紧邻高新区和民营区的区位优势,大力发展租赁经济,每年仅物业收入就达数百万元。但随着城市化进程的加快,村里可用资源越来越少。如何发挥有限资源的最大效应,从现有资源中寻找发展的"蓝海"?这是泾河村面临的首要难题。在这种情况下,泾河村在上级部门的正确指导下,优化整合土地资源,合理利用土地资源,科学规划土地资源,使村集体经济逐年由少到多、由弱到强。最早在20世纪90年代,泾河村就根据上级党委和国土部门的要求,把原有40多家的企业用地通过重新整理、整合,因地制宜开发建设,沿区建造农贸市场、写字楼、打工楼,沿河建造货场码头,盘活了存量土地,而且发展了多种产业,提高了土地集约化经营的程度。经测算,原40家村办企业占用土地200多亩,年上缴集体租金100万元,现在200多亩土地的集体经济收益在600万元左右,可净增500万元左右。

2006年,村行政办公楼改建成写字楼,这是该村转变发展思路的一次探索与实践。泾河村的办公楼始建于2003年,随着一幢幢住宅楼拔地而起,这幢楼与周边环境格格不入,更为重要的是土地利用率不高。对于泾河村特殊的区位优势来说,这是一种资源浪费。泾河村党总支大胆决策,拟订了办公楼改建计划,改建后,除了办公自用一部分外,其余全部用来出租,为村里拓展了增收途径,让百姓受益。除此之外,泾河村还根据市镇规划,继续动员辖区内的一些企业搬迁,实施"退二进三"策略,以"腾笼换鸟"的方式提高土地集约化率。

2. 转型升级,提升经济发展效益

传统的经济发展模式在寸土寸金的今天效益日渐低下,要想谋取更大的利益,必须转型升级,壮大自有特色产业和优势产业。泾河村逐步将发展的焦点从传统意义上的物业租赁模式向高新技术产业和新型产业领域纵深,建立起独特的经济运作模式,为村级经济"强筋健骨"。"向特色产业要效益"是泾河村加快转型发展的"亮剑"之举。村里深入周边企业进行调查走访,了解企业所需所求,同时,立足玉山镇和高新区"发展高新技术产业和战略性新兴产业"的格局,投资方向由原来的门面房、打工楼等项目向高科技企业和现代服务业转变,规划了沿港物流仓储项目,资产性收入达 210 万元。2010 年,投入 4000 万,参与位于高新区的国家可再生能源产业基地内的骨干企业——高新区苏州茂迪新能源项目的投资建设,为该企业代建厂房。该项目为期三年,已经开工一年,一年的投资回报可达 600 万元,成为村级集体经济新的增长点。2010 年 5 月,由玉山镇 22 个村联合投资成立的玉山镇成基建材有限公司正式投产,泾河村投资 700 万元,成为最大的股东,公司以出资额为股本金按股分红,泾河村年分得红利 70 万元,确保了村级集体经济的保值与增值。

3. 自主产业,奠定发展基石

泾河人从村级集体经济发展的实践中认识到,要想使村级集体经济收入增加,必须有自己的产业和项目。从 2009 年开始,泾河村逐渐扶持自主产业,对原有的一个物业管理部门进行升级改造,这个公司原本只有几名工人,从事的也只是泾河花园的卫生保洁工作。泾河村对其进行内外兼修的"包装",引入企业管理模式,不仅扩充人手,还通过严格管理塑造形象。现在,小小的部门已"摇身"变为泾河物业管理有限公司。该公司自成立以来承接了周边多个小区的物业管理业务,成为泾河村全新打造的一个服务业项目。2001 年,昆山出台了鼓励村级集体经济发展的 28 条优惠政策;2005 年,泾河村通过泾河富民公司增资扩股和优化经营运作,泾河村党员干部带头,村民参与组建了昆山市第一家富民配套服务有限公司,积极主动做好市政基础工程和外资企业的配套服务,每年绿化公司、物业公司的经营收入近 100 万元。

泾河村借助玉山镇项目提升科学规划,搭建高档商住、商贸项目引进的平台,大力推动本村商贸、服务业的发展。在泾河村,辖区内就有2万多外来人口,村里抓住村内企业多、商铺多、外来人口多的特点,做好生产、生活、物业等配套服务。目前,村内形成了花园路商业一条街,餐饮、住宿、购物、娱乐等产业配套服务设施功能齐全。2012年,来自花园路商业一条街配套服务的村级收入达500万元。

4. 异地发展,开拓发展新途径

早在2005年,城市化进程中的泾河村已成为无地村,原先储备下来的建设用地也逐步用光。没有资源,发展无从谈起。泾河村采用了一系列措施,大力挖掘内部潜力,但毕竟资源有限,为了使村级集体经济可持续增收,泾河村党支部又把目光投向外村。通过招投标,泾河村在玉山镇青淞村投资1500万元建造打工楼,每年的租金大约在200万元。2008年,由于经济危机,许多企业撤走,留下不少烂尾楼工程,泾河村抓住这个机会,以1200万元收购了锦溪的一个烂尾楼项目,将其改造成9000平方米的标准厂房,项目完工后,进行整体转让,出售价格达1600万元,收益近400万元。

四、经验启示

1. 树立危机意识是促进村级集体经济持续发展的内在动力

对于村级集体经济的发展,泾河村党总支一班人一直居安思危,自加压力,以发展企业的危机意识发展村级集体经济,不断寻觅村级集体经济的发展新路,探索新的经济增长点。早在2010年召开的全体党员干部座谈会上,泾河村党总支便召集党员就如何转型发展进行"把脉",当时许多老党员都不支持经济转型,认为泾河村已经发展得很好,不需要转型。村干部明确表示,泾河村地处近郊,其发展必须融入到外部环境的城镇化中,经济转型势在必行。在这种理念下,泾河村创造了两个第一。一是2003年,泾河村与赵库、景村、大公等6个村,率先在昆山市成立了第一家富民合作社——同富富民合作社。随后,合作社在昆山推广开来。第二年富民合作社获利后,村委会又规定,每个村民限入2股,分批参股。如今,该富民合作社股本金已达732万元,有385户农民入股,占村民总数的76%,每年每股红利的年增长率为15%。合作社建立起4.26万平方米的打工楼,供仁宝电脑等知名企业员工使用。二是2011年,规划了全市第一个村级工业园——泾河工业园,共投资3000万元,建造厂房1.2万平方米,工业园于2012年年底竣工。目前,工业园的各项建设和招商工作正在进行中。泾河工业园的建成和运作,将每年为泾河村增加经济收入300万元。泾河工业园的稳定产出,将在"十二五"期间乃至今后一段时间内为村级经济发展提供后劲。只有居安思危,立足长远,以企业化经营的理念来发展村级经济,才能实现永续发展。

2. 追求公平为发展营造和谐的外部环境

2003年,同富富民合作社在项目投资建设上亟须资金,村党支部书记和全体党员带头入股,广泛吸纳社会闲散资金,参股人员不分本村的还是外来的,都允许入股,股息每年约为12%。当时,没有入股的村民就享受不到村里经济发展的成果,这引起了部分农民的不满。考虑到公平,再加上近些年泾河村的经济实力不断壮大,自有资金实力增强,村里便逐渐弱化合作社吸股的功能,逐渐退股,目前只有小额的资金。同时,为让百姓充分享受到村级集体经济发展的红利,2010年,泾河村召集全体村民,将全村4491万元村级资产量化到每一个村民,让每个村民都成为名副其实的股民,并在当年实现年终红利每人500元。另一方面,泾河村明确表示,每年至少拿出不低于10%的村级收入反哺村民,以制度化的形式固化村民共享发展成果,保障了村民利益,也为村级集体经济的发展创造了和谐的外部环境。

3. 做好用地预留为发展提供空间

2003年,昆山市政府下发了《关于规划预留发展村级经济用地的实施意见》,随后市国土局及时拟定了《关于规划预留发展村级经济建设用地的实施办法》,逐镇落实各镇村级预留地的规划。从这几份文件中,泾河村看到机遇,积极主动地向上级政府申请,争取到了预留建设用地指标。泾河村以村级留用地为契机,为城市化后成为"无地村"的泾河村发展提供了空间。泾河村因地制宜开发建设,建造标准厂房2.9万平方米,年出租收入达417万元,建设打工楼43408平方米,年分红达 300 万元。

五、存在的问题与发展思路

泾河村在发展过程中也遇到一些问题,主要体现在以下两个方面。一是服从整体带来的发展困境。由于泾河村属于近郊区域,已经完成城市化,也没有土地,在享受到城市化快速发展带来的机遇后,经济发展上也必须服从高新区以至于昆山市的整体规划,所投资的项目,必须经过高新区政府"把脉",发展受外部因素制约较大。在 2006 年的办公楼改造上,泾河村原本计划将其"拉长拔高",改建成集办公、商务等功能于一体的写字楼,但由于与高新区规划不符,项目便暂时搁置。还有不少项目都纳入到高新区的整体规划中,目前的发展要想有质的突破,较为困难。在整体与局部的发展上,泾河村党委一班人明确表示,要与上级政府保持一致,局部服从整体。二是产业项目依存度高。项目受外界发展影响较大,对土地资源的依存度较高,没有高端的自主产业和品牌,在自主产业和品牌的扶持上缺乏支持,未来发展后劲明显不足。尤其是金融危机以来,这种影响更突显,提升产业层次、转变经济发展方式成为当前发展的首要问题。

在村级集体经济的发展上,泾河村党委今后的主要发展思路是:经济工作因地制宜,稳中求进,加大社会管理职能转变,发展的重心逐渐向社会管理过渡,注重民生建设,淡化 GDP 意识,强调经济发展反馈社会。未来的村级集体经济的发展重心将放在泾河工业园的建设和招商上,虹桥路腾出的 68 亩土地已纳入高新区规划范围,未来将重点打造成商贸中心。

【思考题】

1. 为提高土地资源的利用率,泾河村采取了哪些措施?
2. 你认为村级集体经济发展的目的是什么?在经济发展反馈社会上,泾河村有哪些好的做法?

第四章 异地拓展发展村级集体经济

概 述

异地发展村级集体经济既是苏州村级集体经济发展过程中呈现的外在形态,也是基层探索实践的创新之一。所谓异地发展,主要是在政府的政策引导和支持下,村级集体经济发展的实体所在区域超出了本村行政区划范围,即发展实体不在本村而在村外其他地区。异地发展及其模式的形成主要呈现三大特征。一是实体形态多样化。集体经济的产业形态由村办工业或手工业的第二产业单一形态转化成第一、第二、第三产业齐头并进的发展形态,三个产业发展拥有适合自身发展的空间要素。二是区位地域异地化。集体经济发展实体形态所在区域突破了本村地域限制,到邻村、邻镇甚至外市、外省发展。三是资源要素配置不断优化。集体经济从本村劳动力、本村土地、本村有限资本发展到劳动力市场化、土地工业小区化、资本多样化等形式。伴随着三大特征的发展,集体经济发展所需生产要素的相对地位和作用不断发生变化。

一、异地发展村级集体经济的发展阶段

异地发展是村级集体经济发展到一定阶段的必然产物,其发展历程和逻辑关系表现为以下三个阶段。

1. 村级集体经济发展的逻辑起点：本地发展的历史性

苏州村级集体经济发展的雏形"社队企业"在20世纪70年代贯彻"三就地"（就地取材、就地加工、就地销售）方针，开始了村级集体经济发展的第一个高潮，这是典型的就地发展。就地发展即本村发展，有其发展的历史性和必然性。在村级集体经济发展的最初，与异地发展相比，就地发展在土地、劳动力等资源方面成本较低，具有明显的竞争优势。

2. 村级集体经济发展的瓶颈障碍：本地发展的矛盾性

苏州村级集体经济从辉煌到衰退反映了村级集体经济发展的矛盾性，并引起了巨大变革。一是产权不清晰带来了整体改制浪潮，村级集体经济的实体形态逐渐告别以工业为主、村级经营管理的形式，取而代之的是"厂租经济"的出现及兴起。二是村级工业企业的分散化无法分享企业聚集带来的各项成本优势，包括规模经济、交通运输、熟练工人、技术革新、减污排污等，工业企业逐渐向工业小区集中，本地发展的模式逐渐向异地发展转变。三是买方市场的逐渐形成加剧了企业竞争，就地工业化道路已是穷途末路，村级集体经济发展模式创新迫在眉睫。

3. 村级集体经济发展的最终归宿：异地发展的必然性

随着苏州城乡一体化的发展、"三集中""三置换"的推进，历史遗存的村办工业都集中到工业规划区，实现了实体形态的异地发展。"厂租经济"即村集体建设标准厂房（包括集宿楼）出租给企业主，作为集体经济的主要形态，也跳出了本村，选择坐落在城郊的工业规划区附近，这样更有效率和效益。随着村级集体资本积累的聚集，土地和劳动作为生产要素的重要性开始弱化，以资本为纽带的村级集体经济更是将视野拓展到邻近村镇和县市甚至是全国各地。

二、异地发展村级集体经济的方法和举措

苏州村级集体经济异地发展经过多年的实践和探索，形成了很多好的方法和举措，综合来看，主要体现在三个方面。

1. 以劳动为主要纽带,异地发展高效农业

城镇化、城市化的过程中,不少农民失去土地,部分没有技术、缺乏技能的农民的就业成了难题,部分有农业知识、有种植技术、懂农产品经营的农民失去了发展平台。为解决这部分村民的生存和发展问题,村里收集信息、搭建平台、出台政策,鼓励村民在邻村、邻镇等附近地区承租土地,异地发展高效农业。这样,一方面搭建了开展农业项目创业致富的平台,另一方面解决了长期从事农业生产的人即农业工人的就业问题。吴中区尧南村组建专业合作社,异地承租土地种植葡萄是此发展模式的主要典型之一。

2. 以土地为主要纽带,异地发展厂租经济

"农村更像农村"是苏州城乡一体化建设中农村发展的指导方针,农村进行农业生产承担"生态"功能,为让村民也能享受改革开放、工业发展的成果,苏州充分利用"建设用地指标增减挂钩"的政策,农村存量建设用地指标、通过土地平整增加的建设用地指标置换到工业规划区,村集体通过汇集集体、村民资金,以股份合作社为经济主体,开发建设标准厂房和集宿楼,异地发展厂租经济,租金用于本村发展和村民福利分红。苏州当前农村集体经济的主要载体和形式就是厂租经济,厂租经济也经历了两个发展阶段,一是在本村建设标准厂房、三产用房,二是异地建设标准厂房、三产用房等。吴中区旺山村在吴中开发区建设标准厂房就是此发展模式的主要典型之一。

3. 以资本为主要纽带,异地发展新型产业

厂租经济享受的福利、红利来自建设用地指标,增量有限,村级集体经济的进一步发展遭遇天花板。部分农村以资本为纽带,进一步拓展村级集体经济的发展空间,异地发展新型产业:入股投资公共设施建设,投资者享受高于银行利息的分红;入股投资成长性良好的企业,享受企业成长的福利;用资本优势、技术优势在外地开展现代农业项目,以所有者和经营者的身份,从事运营管理;以资本为纽带,组建农民集团,从事工业、商业、服务业等的开发和建设。这是苏州村级集体经济未来发展的空间和方向,因为未来发展,资本短缺的时代已经结束,而劳动力和土地相对而言更有限。昆山市市北村"跳出市北、发展市北、

壮大市北"建设市北大厦,介入三产服务业是此发展模式的主要典型之一。

三、异地发展村级集体经济的经验启示

苏州在村级集体经济发展过程中积极探索实践异地发展的道路,从中可以总结出三条主要的经验启示。

1. 资源配置是异地发展的基础

本地要素配置、资源整合是村级集体经济发展的起点,其中土地是村级集体经济发展中最为重要的资源,土地资源变资产、资产变资本、资本变股份是发展的重要路径。随着政策的变迁、规划的调整、资本的积累,本村劳动力、土地要素的重要性不断降低,或者说本村土地资源的使用效率和效益相对不高,异地发展成为可能。当本地劳动力、土地要素成为进一步发展的瓶颈时,异地发展成为必然。异地发展既是村级集体经济发展的过程,也是发展的趋势。

2. 政策支持是异地发展的保障

村级集体经济发展不仅承担经济职能,还直接影响到基层组织建设和农村各项事业的发展,各级政府应充分认识到村级集体经济发展在当前农村社会建设和农村社会发展中的重要作用和地位,应给予大力资助和扶持,异地发展作为基层创新更需要政府引导和帮助。异地发展高效农业需要政府在税收方面的政策优惠甚至直接的财政补贴;异地发展厂租经济需要政府将建设用地指标"还利与民";异地发展新型产业更需要政府的支持和帮扶。

3. 主动作为是异地发展的动力

综观苏州村级集体经济异地发展的典型,从中可以发现它们的共性。一是自加压力,敢于争先。异地发展形式多样、不拘一格,缘于农村基层的大胆创新,没有争先创优的事业心和责任心,就没有村级集体经济异地发展的宝贵经验。二是善用政策,创造机会。充分利用省、市、县、镇各级政府的优惠、补贴政策,抓住各种发展机会,一门心思谋发展;同时还要创造发展机会,与政府相关部门共同推动政策创新,创

造机会比抓住机会更重要。

四、异地发展农村集体经济面临的问题

苏州异地发展村级集体经济有成绩、有经验,但在发展过程中也面临着一些问题。

1. 人才

异地发展需要的是大资本,面对的是大市场,人才是第一生产力。尽管当前苏州农村党组织书记很多都是有知识、有文化、懂经营的复合型人才,但随着农村集体经济发展能级的提升,现有组织队伍和人才梯度建设都面临着挑战,尤其是进一步发展面临着所需人才储备不足的问题。

2. 体制

在苏州村级集体经济的发展史上,经营型村级集体企业最终都以衰退改制收场。当前苏州村级集体经济处于异地发展厂租经济向异地发展新型产业转化的时期,权责明晰化、经营市场化、管理科学化是苏州村级集体经济发展追求的目标,这需要在制度设计方面具有更多智慧,避免重蹈覆辙,要把持续的改革创新作为进一步发展的红利和动力源泉。

3. 空间

随着异地发展厂租经济的土地指标的耗尽,村级集体经济的外延式发展失去空间,厂租经济的特性决定内生式增长缓慢且空间不大。鼓励村级集体经济创新发展载体,引导村级集体经济拓展发展空间是当前的重大课题。村级集体经济发展要从依靠土地转化为跳出土地,要从依靠政府转化为依靠市场,有效实现两个转化。

案例一 旺山村：异地发展工业让山更清、水更秀

一、概况

旺山村位于苏州市吴中区西南，南临吴中大道，是通往太湖风景区的主要通道，总面积达 7 平方千米，其中山地有 5400 亩，绿化面积达 80% 以上，有茶叶、果林、花卉、苗木、银杏五大种植基地，盛产旺山茶叶、银杏、葡萄、枇杷、珍贵林木、花卉等名特优产品。旺山村共有村民 550 户，常住人口 2340 人，本地人口 2020 人，外来人口 320 人，本地农村劳动力 1342 人，其中从事一产 500 人、二产 380 人、三产 462 人。2015 年，旺山村实现村级集体收入突破 3800 万元，村级集体总资产达 2.2 亿元，村民人均纯收入近 4.15 万元。现有标准厂房 9.5 万平方米，出租给 43 家企业，其中台商 2 家，新加坡企业 1 家。整个旺山村山清水秀，风景秀丽，自然环境优越，生态植被良好，拥有得天独厚的生态环境、丰富的自然资源和悠久的历史人文景观。旺山村先后获得"全国农业旅游示范点""苏州市农业现代化示范区""江苏省卫生村""江苏省百佳生态村""苏州市文明单位"等荣誉称号。旺山村是苏州村级集体经济异地发展的代表和受益者。

二、发展历程

旺山村利用政策资源，依靠政府支持，发挥基层智慧，大胆创新实践，以土地为纽带走异地发展的道路，发展过程中既保持了旺山秀美的村庄形态和良好的生态环境，又开启了农业、工业、服务业全面发展的模式。旺山村的发展主要经历了三个阶段。

1. 以农为纲，立足本地发展

在旺山村的发展历史上，远离城郊的区位、良好的生态和农业生产条件，使得旺山村长期立足本村，村民以种植茶叶、银杏、枇杷等农产

品、经济作物为主。乡镇企业蓬勃发展时,旺山村因三面环山、交通不便、信息闭塞而失去发展机会,也正因为此,旺山村没有延续"村村点火、户户冒烟"的低层次工业发展格局,保留了其山清水秀、风景秀丽的良好生态自然环境,为后续发展储备了优质资源。

随着"乡镇企业"的退潮和建设用地指标的趋紧,苏州农村集体经济发展出现了以兴建标准厂房和集体宿舍楼为主的新模式。以农为纲,立足本村发展没有让旺山村、旺山村村民享受到改革开放的成果,"无工不富"的理念在旺山村深入人心。旺山村面临一个艰难抉择:是破坏自然生态修建工业小区、建设标准厂房,还是放弃工业,固守以农业为主但能保持山清水秀的发展理念?

2. 工农齐步,着手异地发展

旺山村党委经过深思熟虑,坚定"两个认识"。一是自然生态不能破坏,要为子孙后代留下绿水青山;二是工业发展要有突破,要为村民的幸福生活承担责任。这在当时看来无异于天方夜谭,但传奇就是在敢于创新的苏州基层中谱写的。农业发展在村内、工业发展在村外,旺山村开启了异地发展的新探索。

2005年,吴中区在旺山村邻近地区规划、开发、建设工业开发区,旺山村抓住机会,充分利用政策,寻求相关政府部门的支持,将旺山村建设用地土地指标置换到离村约5千米的吴中开发区,并以旺山村"旺山村富民合作社"为主体,建设标准厂房、三产用房和集宿楼等,租金用于村级建设和村民福利分红。这一举措拉开了旺山村异地发展的序幕,也开启了旺山村发展的新高潮。2005年以来,旺山村先后新建了2800平方米的集宿楼和5400平方米的三产用房,完成了越溪工业坊二期建设,特别是2006年下半年投入3000多万元,建造占地面积40亩、建筑面积为25000平方米的旺山工业三区和建筑面积为20800平方米的创业园。目前,旺山村拥有95000平方米的标准厂房、三产用房和集宿楼等。

3. 三产并举,推进科学发展

随着旺山村村级集体经济的发展,村级现有财力不断提升,旺山村党委决定,充分利用本村秀美的生态自然环境拓展发展空间。旺山村通过对农户房屋全部实施外立面"穿衣戴帽"式的改造,依托丰富的自然资源,发展乡村农业旅游。2006年11月,旺山生态园正式开园,几乎使旺山村"一夜成名",这个安静的小山村成了苏州、上海等地的城里人向往的休闲胜地。

经过多年的发展,如今的钱家坞,已有"一户一景"农家乐饭店28家。在上级政府部门的支持和帮助下,旺山村努力争取,积极申报,旺山生态园成为首批国家4A级景区的全国农业旅游示范点,成功实现由"农家乐"向"景区"的大跨越。旺山村真正实现了"三产并举、科学发展"的新局面。

三、主要做法

旺山村作为地处相对偏僻、以纯农业为主的农村,通过异地发展优化土地资源配置,开辟了"三产并举"异地发展的新路径,开创了类似农业生态资源相对较好的村庄的发展新模式。总结旺山村异地发展的新举措,主要做法有如下三个方面。

1. 主动出击,充分利用政策资源

"三农"在现代经济社会发展中承担了经济、生态、社会等综合功能,很多都是公共产品或类公共产品,简单的农村自我发展无法实现,纯粹的市场法则只会加剧资源在"三农"配置上的不合理。农村发展离不开政策资源,离不开政府支持,这是社会发展而不仅仅是"三农"发展的应有之义。现代经济社会发展,市场化资源配置方式造成农村能获得的优质资源相对较少。旺山村异地发展的成功实现得益于村党委班子的主动出击,牢牢抓住苏州支持农村集体经济做大做强的政策优势,充分利用"农村建设用地异地置换"和"建设用地增减挂钩"的政策资源,有效实现了"秀美山村"和"工业强村"的有机统一。

2. 资本运作,灵活开展投资建设

原来的旺山村集体经济薄弱,建造标准厂房、三产用房、集宿楼等用于出租这一投资项目需要较多的资本投入,旺山村党委多管齐下,灵活开展资本运作,满足了建设的资金需求。一是通过搭建平台,号召村民参与,成立富民股份合作社,自筹部分资金;二是利用相对优惠价格和签署较长租约,以预收款的形式提前招租,获得部分资金;三是用租金作为担保暂时缓欠部分工程建设款的形式减轻资金压力;四是积极争取政府支持,减免部分税赋和行政收费,减轻资金压力;五是以土地作抵押,积极向银行等金融机构获取长期低息贷款,获取部分建设资金。通过这五种形式,旺山村较好地解决了资金难题,同时也形成了苏州村级经济发展历史上资本运作的模式之一。

3. 学习创新,探索实践发展模式

从村内到村外,又从村外到村内,旺山村发展重心的每一次转变都带来了发展的飞跃。旺山村通过异地发展工业实现了脱贫致富,同时也为进一步发展积累了资源,实现了旺山发展的第一次跨越。旺山村启动利用本村生态环境优势发展的第三产业——农业休闲旅游,拓展了旺山村级集体经济发展的空间,实现了旺山发展的第二次跨越。

从学习到创新,旺山村不断探索实践发展新模式。时任旺山村党总支书的陈龙元曾组织村党员干部三下杭州梅家坞考察,最终在梅家坞的基础上结合旺山村实际,开发了"钱家坞农家乐"和"旺山生态园",一举获得成功,实现了旺山村又好又快发展。

四、经验启示

通过旺山村村级集体经济的发展历程、主要做法和取得的成绩,可以得到如下三方面的启示。

1. 异地发展工业是农业村又好又快发展的新途径

异地发展工业是距城镇较远的纯农业村,或是出于生态保护"限制工业发展"的"纯农业村",突破地理区域的制约和规划的限制,避免因"无工不富"而导致"纯农业村"普遍贫穷,不能同步分享改革开放经济发展成果的重要发展模式。旺山村依靠异地发展,打破了地理位置和资源禀赋的制约,并且从根本上转变了传统苏南农村的发展方式("村村点火、处处冒烟"),根据区域规划、产业分工实行异地发展,走"把自己的土地留下来搞农业,到别人的土地上搞工业,搞好了工业再反哺农业"的科学发展之路。

2. 异地发展工业是村级经济与村域经济协调发展的新思路

旺山村现有的亿元集体资产,90%不在本村,而是在5千米外的吴中开发区、越溪工业坊等工厂区和商业区内,旺山村的村域经济(行政村辖区内的经济)主要是村民经济、个体私营经济、老百姓经济。村域经济受土地制约、规划限制,无论从质还是从量上都难以有进一步的持续稳步增长,异地发展工业拓展了村域经济向村级经济发展的空间,创造了村级经济与村域经济协调发展的新思路,实现了从GDP到GNP的创新和跨越。

3. 异地发展工业是城乡协调发展的新举措

城乡一体化、城乡协调发展的难点在农村,尤其是"纯农业村"。各级政府要从城乡协调发展、农村社会稳定、基层组织建设的高度审视农村集体经济发展,集体经济不仅是分红经济,不只是发挥经济功能。对"纯农业村"要加大政策支持、政府扶持,要本着"放权""让利"的原则,鼓励基层创新、创业,尽最大可能地让利于民。旺山村的发展离不开苏州市政府、吴中区政府、越溪街道在土地上的政策优惠,发展上的让利于民,项目上的悉心指导,资金上的鼎力扶持。

五、存在的问题和发展思路

(一) 存在的问题

旺山村"异地发展工业、工业反哺农业"成绩显著,从长远发展看,当前旺山村的发展也存在部分问题,主要体现在以下三个方面。

1. 发展空间面临瓶颈

当前旺山村异地发展的载体是土地,通过充分利用政策资源,将建设用地指标置换到工业开发区,通过异地发展,有效保护了旺山村的自然生态环境,有效促进了农民增收和集体经济发展,有效推动了旺山村的全面综合发展。但是,旺山村存量和增量建设用地指标已基本耗尽,难以实现原有发展模式的扩张,发展空间受到制约。

2. 发展项目有待深化

旺山村从"一产为纲,立足本地发展"到"工农齐步,着手异地发展",最终实现"三产并举,推动科学发展"。目前来看,旺山村在发展三个产业的过程中,存在部分需要改善的不足之处,主要体现在四个方面:一是农家乐的转型升级;二是景区建设的同质化和人工化;三是景区商业环境的净化和诚信意识的塑造;四是休闲旅游产业链条的延伸。

3. 管理手段需要创新

旺山村三产并举,量的扩大和质的提高都需要管理手段的创新来推动。从质的角度看,旺山村在产业形式上实现了多元化,现代农业、"厂租经济"、休闲旅游成为旺山经济的三个重要组成部分;从量的角度看,旺山村拥有集体经济资产近亿元,2012年村级可用财力近2000万元,资产规模、经济实力较为雄厚。旺山村的产业发展、资产管理离不开专业的管理人才和专业的管理手段。

(二)发展思路

立足当下,谋划未来。旺山村应对挑战,对未来发展思路和规划作了严谨的设想和周详的部署,主要体现在以下五个方面。

1. 以街道发展为平台,以农民参与的形式,组建越旺集团公司

公司一方面直接投资商业性开发、房地产开发等项目;另一方面主要用于资本运作,如建立小额贷款公司,增资扩股,再如借助筹建村、镇银行的机遇,参与股份合作等。

2. 参与以街道为平台的各项项目建设

村级土地受政策制约,阻碍了村级经济的发展,下阶段重点依靠街道项目争取发展,主要有楼宇经济以及商务商业中心、文体中心、邻里中心、商住中心、集宿楼二期建设等。

3. 做好科技城的相关配套项目

结合科技城二期10万平方米的规划建设,参与"水乡一条街"的商业设施建设及其内部2.7万平方米的商业配套设施建设。

4. 做优旺山景区

结合旺山景区的发展,按景区需要进一步推进服务设施的改建升级,将新建三个配套服务项目,包括2500平方米左右的中高档游客住宿会所、1500平方米左右的上山塘生态观光会所以及1000平方米左右的旅游购物中心。

5. 继续搞好农业项目

结合丘陵项目的开发建设,继续发展现代观光农业,开发500亩左右的白茶、果品间种基地。

【思考题】

1. 异地发展工业中最关键的环节和要素是什么?
2. 旺山村"三产并举"的主要经验是什么?
3. 结合本案例,谈谈纯农业村如何实现"强村富民"。

案例二 尧南村：吴中尧南小葡萄，现代农业大事业

一、概况

尧南村位于横泾街道北、尧峰山麓西南侧，吴中大道、木东公路穿越全村，2007年10月尧南村和马家村合并撤村改居，名为"尧南社区"。尧南社区共有4738人，1146户，28个居民小组，区域面积达5.86平方千米。2015年年末，村级集体资产9326万元，可用财力1530余万元。

自2000年尧南开始谋划调整种植结构起，尧南葡萄经历了本地发展、异地发展的现代农业之路。

二、发展历程

1. 土地流转，现代农业开始起步

随着吴中区经济社会的不断发展，尧南村附近先后形成了多个工业开发小区，众多企业聚集在附近，给尧南村村民带来了大量的就业机会，几乎所有适龄劳动力都逐渐脱离土地，告别农业，到附近企业上班，土地及土地收入对尧南村村民来说，已经变得可有可无，"种田"对部分村民而言甚至变成一种负担。2000年，尧南村党委将所有农地集中流转到村里，成立"土地股份合作社"，每年给农民发放土地租金。集中流转后的土地由谁种植、种植什么成为尧南村及村党委迫切需要解决的一大难题。

2. 种植葡萄，现代农业找到载体

2001年是"尧南葡萄"起步的创元年。历史上，尧南村一直种植小麦、水稻等传统粮油农业品种，由于经济效益不佳，土地流转后没有村民愿意承租土地，从事农业生产。尧南村党委决定"向土地要效益"，谋划调整种植结构，由传统粮油作物改种经济作物。一次偶然的机会，尧

南村与嘉定葡萄研究所的一位研究员相识,了解到种植葡萄的经济效益较好,萌生了放弃水稻、小麦等的种植而改种葡萄的想法。葡萄种植成本高、投入大、周期长,对土质等要求也高,尧南村不敢贸然决策,先后组织部分村干部、村民代表赴上海、浙江等地学习参观,多次召开会议讨论,最终村委、党员干部、大多数村民基本形成共识,决定种植葡萄。

3. "由谁种植",现代农业需要新型组织

种植方向确定后,落实就是主要任务。尧南村拿出部分土地合计180亩进行招租,种植葡萄,租金为每亩500元。考虑到种植葡萄的风险性,尧南村实行村民自愿、村民优先、党员鼓励、干部带头、村里支持五结合的原则进行招租。180亩土地以每20亩为一个单位,共分9个片区。实行分片区、组团式招租,即可以由一户或几户村民组团,共同承租一个片区即20亩土地进行葡萄种植。首轮招租并不乐观,由于风险不确定,村民种植葡萄的积极性不高。尧南村采用干部带头的形式将9个片区成功招租。同时尧南由村里牵头、村民参与成立尧南葡萄专业合作社,负责尧南葡萄的商标注册、包装设计、农药采购、市场销售等工作。合作社共吸纳116个股东,每股资本金为1万元,共297股。

4. 综合补贴,现代农业需要政府支持

种植葡萄涉及很多技术细节和投资风险,尧南村出台了优惠政策,给予了各种支持和补贴。一是基础设施建设。道路、沟渠等基础设施建设由村里统一出资,进行修建。二是标准钢管大棚补贴。每亩葡萄建有3个标准钢管大棚,造价约每个大棚2000元,每亩需要投资约6000元,村里补贴每亩3000元。三是葡萄种苗补贴。尧南村赴浙江集中采购种苗,然后根据种植需要无偿送给承租者。四是村里聘请技术顾问为种植户免费提供咨询和技术服务,还专门邀请浒关葡萄种植能手给种植户上课辅导。

5. 跳出尧南,现代农业扬起发展风帆

2001年,尧南村种植户从邻近养鸡场和上方山奶牛场运回有机肥,浇筑树立水泥桩,建设生产性用房,轰轰烈烈开始了尧南有机葡萄的种植。尧南村按照上市时间早晚,种植了早熟、中熟、晚熟等共17个葡萄

品种,其中部分品种为试种。2003年,尧南村人的葡萄开始开花出果,为提升质量,村民当年对葡萄的产量进行了控制,每亩共产出葡萄500多斤。此时,葡萄销售成为工作的重中之重。尧南葡萄合作社注册"尧南"葡萄商标,申请绿色食品标志,并按照高质量、高价格,走礼品路线、高端市场的目标,当年葡萄价格定位在每斤8元,超出一般葡萄价格的2倍多,依然供不应求。2004年,吴中区改造扩建越湖路,并将越湖路改名为吴中大道,尧南葡萄种植地块被征用。基本掌握了种植技术,找到葡萄营销路线的尧南葡萄专业合作社决定不受土地制约,跳出尧南,到邻村、邻镇找地,继续种植葡萄,尧南开启了葡萄"异地发展"之旅。

尧南人先后赴邻镇如光福镇、胥门镇及江苏兴化市考察地块。考虑到葡萄消费市场的本土性,以及"尧南"葡萄营销路线的礼品化和高端化,兴化相对苏州而言,消费市场较小,最后,尧南人将目标锁定在金庭镇,租用金庭镇原先计划用于工业开发,后来因生态规划限制工业发展的地块中的一部分,面积大约为300亩。经过多次洽谈,尧南葡萄专业合作社承租了该地块,2004年每亩租金600元,其后租金每年略有上调,直至每亩租金800元,签约合同约定承租时间为5年,种植16个葡萄品种。

6. 走上正轨,现代农业引入企业管理

金庭地处苏州太湖的西山岛上,农作物生长的自然环境较好。异地发展不只是葡萄的生长地域发生改变,同时发生改动的还有葡萄种植的组织形式。由于金庭镇距离尧南村有近1小时车程,家庭种植的组织形式已无法实现,劳动力本村化也不现实。尧南葡萄专业合作社引入企业管理制度,派出包括1名总经理、1名出纳、1名驾驶员、4个片区小组长等在内的7名管理人员负责整个尧南葡萄的生产、经营和管理,每个片区小组长管理约75亩的葡萄种植。这7名管理人员同时也是尧南葡萄专业合作社的股东,所有者和经营者的利益高度统一。

合作社一般都是招聘当地农民从事葡萄种植。葡萄正常生产环节,合作社约雇佣农业工人50人,在疏果期,临时雇佣类似"钟点工"约60名,基本满足了300亩葡萄种植对人工的需要。2006年,"尧南葡萄"出果上市,亩产葡萄600斤左右,销售价格为每斤12元,当年每股分红1500元；自2007年起,控制亩产葡萄2000斤左右,价格约每斤15元,分红每股2000元。盈余积累用于品种改良,截至目前,已改良品种6个。

7. 品牌输出,现代农业走进新时代

尧南葡萄专业合作社并不满足于当前的发展态势,计划内涵式增长与外延式增长齐头并进,做大做强尧南现代农业。一是计划在吴中区现代农业规划区承租土地200~300亩,种植葡萄,利用"尧南葡萄"的品牌优势实现外延式增长。二是计划在外地或邻近地区种植其他经济作物,如猕猴桃或其他水果品种,利用"尧南"目前的品牌,丰富产品线,做到四季有瓜果,四季有产品,输出"尧南"的品牌、技术与管理,走内涵式增长的发展道路。将来,尧南不仅实现葡萄的异地发展,更要实现品牌的异地开花,助尧南现代农业走进新时代。

三、主要做法

1. 加强政府引导

尧南从农业种植结构调整到种植葡萄立项,从本地种植葡萄到异地发展葡萄产业,政府的引导、帮助、支持自始至终,贯穿其中。先期尧南村依靠吴中区农委、农办谋划生态葡萄项目,得到了技术支持、资金帮助。"尧南葡萄"在申请绿色食品、有机食品标志的认证过程中,得到了农委相关部门的指导和帮助。"尧南葡萄"在销售过程中也得到了区政府、镇政府等各级部门的出谋划策、鼎力相助。在土地征用、异地发展的过程中,吴中区政府也尽可能给予了物质上的支持和项目上的扶持。为了引导、鼓励农户成立专业合作社,吴中区农办出台政策,在现代农业生长投入期给予政策性分红。例如,2004年"尧南葡萄"在金庭镇落户,2005年是生长投入期,没有任何销售收入,吴中区农办当年给予尧南葡萄专业合作社每股分红500元的资金扶持。

2. 争取政策支持

"尧南葡萄"作为一个现代农业项目,离不开政府引导,更离不开政策支持。葡萄种植投入大,投资回收期长,每亩葡萄标准大棚建设的成本就超过6000元,加上水泥柱、钢丝、木棍、生产性用房等,每亩建设成

本超万元,还不包括道路、沟渠建设及生产经营性成本。因此,争取政策支持,提供包括农资补贴在内的各项资金补助是项目成功的关键。农业项目作为一个高风险项目,还需要农业保险的政策支持。2011年起,尧南葡萄专业合作社300亩葡萄仅出资20%的资金即1万元就可以享受农业政策性保险。在2012年3~4月的台风中,"尧南葡萄"大棚遭遇损失近40万元,获得农业政策性保险补偿20多万元,有效减轻了尧南葡萄合作社的负担,化解了潜在风险。

3. 自主经营管理

尧南由村党委牵头,在吴中区农办的指导下,组织农户成立专业合作社,发展现代农业,致富村民。整个过程中,尧南村坚持以政策性帮助扶持为主,引导、指导尧南葡萄专业合作社不断发展壮大,但从不插手尧南葡萄专业合作社具体的生产经营、管理运作,培育尧南葡萄专业合作社独立种植的生产能力、自主经营的管理能力、适应市场的营销能力、自负盈亏的市场意识。如今,尧南葡萄专业合作社已经成长为能够经历市场风浪、管理比较正规、谋求长远发展的经营主体。

四、经验启示

从尧南异地发展农业获得的成功中可以得到以下三点经验启示。

1. 异地发展农业必须走高效农业、现代农业之路

异地发展的实质是资源要素配置的优化。异地发展农业不是简单的区域上的变动,更重要的是生产方式的创新、组织形式的创新,要将现代农业的发展理念贯穿其中,将现代农业的发展方向作为目标。异地发展必然会带来管理成本、运营成本的上升,也必然要求发展项目具有比较高的经济效益,因此必须走高效农业、现代农业之路。

2. 异地发展农业需要政府指导、政策支持

农业作为弱质产业需要政策支持,异地发展作为基层创新需要政府帮扶。异地发展农业在土地合适地块的寻找、土地租赁签约、农业项目立项、农业种植生产、农产品标准化建设、农产品市场营销、农业政策性保险等方面都需要政府从中有所作为。没有政府的指导和支持,异地发展农业很难获得成功。

3. 异地发展农业必须坚持市场化运作、企业化管理、品牌化经营

异地发展农业的主体是专业合作社，必须坚持自主经营和管理。第一要坚持市场化运作，种植满足市场需求、面向特定消费群体的农产品，要把经济效益、持续经营放在首位；第二要坚持企业化管理，这既是现代农业的特征之一，也是管理出效益的经济驱动；第三要坚持品牌化经营，这是在无差异的农产品市场竞争中获胜的重要法宝。

五、存在的问题和发展思路

（一）存在的问题

"尧南葡萄"在发展过程中取得了很好的成绩，同时也存在若干问题，面临挑战，主要表现在以下三个方面。

1. 土地的不确定性

异地发展农业所需土地一般以租赁的方式获得，农业项目对用地有相对较高的要求，既要考虑土质生态，还要考虑产品消费市场、投资回报周期。"尧南葡萄"当前租赁金庭镇300亩土地，租约5年一签，时间较短，不敢大幅投入和进行品种更新。第一次租约于2009年期满，而后金庭镇政府由于土地规划的不确定性，不再与尧南葡萄专业合作社签订长期正式合同，改为口头协议，合作社随时可能失去土地。

2. 产业的脆弱性

"尧南葡萄"作为一个现代农业项目，投资强度大、生产不确定性大、投资回报周期长，属于弱质产业。"尧南葡萄"在发展过程中，得到了各级政府和相关部门的帮助指导和资金支持，但相比粮油基础种植业而言，补贴力度相对较小，政策支撑相对较弱。例如，"尧南葡萄"不能享受农资补贴，农业政策性保险也是在多次申请的情况下，直到2011年才得以享受。

3. 劳动力短缺

异地发展农业整合的是优势资源，如"尧南葡萄"的优势资源是专业合作社的组织资源、尧南葡萄的品牌资源等。发展过程中，"尧南葡萄"面临劳动力短缺的困境，这一方面是因为从事农业生产的劳动力本身不断减少，另一方面是因为葡萄种植需要的劳动力年度的不均衡性，疏果期间需要劳动力超过百人,一般只需要 50 人左右,短期用工时间紧,有时难以满足。

(二) 发展思路

尧南葡萄专业合作社异地发展未来的思路规划主要从外延式增长和内生式发展两方面入手。

1. *外延式增长*

主要通过不断扩大葡萄的种植面积或是到邻镇、邻市甚至是其他城市找地,输出管理,做大葡萄规模,做强葡萄产业。

2. *内生式发展*

主要通过输出"尧南"品牌,将种植的品种扩大化、多元化,化解"尧南葡萄"年度生产、销售的不均衡性,做优"尧南"品牌。

【思考题】

1. 未来农业发展的思路和方向是什么?
2. 尧南村异地发展农业得以成功的关键是什么?

案例三 市北村：跳出市北，发展市北，壮大市北

一、概况

市北村位于昆山市东北部，面积达 5.35 平方千米，有 31 个村民小组，农户 829 户，户籍人口 2954 人，外来人口 6000 多人。村党委下设 6 个党支部，在册党员 95 名。多年来，市北村充分发挥基层党组织在推动发展、凝聚人心、促进和谐、致富群众等方面的作用，始终坚持以党建促发展、惠民生，走出了一条"收入多元、保障多重、生活多彩"的幸福之路。2015 年，村级净资产超 2 亿元，村级总收入达 1654 万元，农民人均收入约 39560 元。近年来，市北村先后荣获"全国民主法治示范村""国家级生态村""中国社会管理特色村"等荣誉称号，并被团中央指定为"青年就业创业见习基地"。

二、发展历程

纵观市北村的发展历程，从产业形式看，经历了从传统农业到现代农业、综合服务业等的变迁；从发展地域看，经历了立足本村、自主发展到异地发展、拓展空间的变迁。

1. 从一产到三产，认识变革推动新模式

市北村的华丽转身起始于 1997 年吴根平从周市外经贸办公室调回市北村担任党委书记。当时的市北村，已经实现从纯农业村到工业村的转变，但这一转变并未带给市北村财富，反而带来大笔负债。在乡镇企业面临内部产权天然缺陷及外部买方市场逐渐形成的背景下，市北村的工业企业举步维艰，市北村面临负债累累、人心涣散、领导班子不和等各种困境。为改变这个现状，吴根平上任伊始，就提出"变思想、活脑子"，在推动企业改制转制的基础上，紧紧围绕农村土地流转、社区股份制改革等推进农村经济建设，发展农村集体新型经济模式，盘活市

北经济,带领村民致富。

经过15年的发展,市北村实现了村民"人人有技能、个个有工作、户户有保障、家家有物业"。为了进一步拓展市北村发展空间,拓宽村民致富渠道,吴根平提出以"一产稳村、二产兴村、三产强村"为发展总思路,树立"跳出市北、发展市北、壮大市北"的发展新理念,通过建设市北大厦,搭建富民强村的新载体,用认识变革来推动市北异地发展,有效实现转型升级。

2. 从村内到村外,异地发展拓展新空间

在村党委书记吴根平的带领下,市北村经历了从村内到村外、从本地发展到异地发展的发展历程。吴根平先后主要做了三方面的工作。一是建设高标准优质粮油生产基地,大力发展以金针菇产业基地和高效农业种植基地为代表的生态农业特色高效种养殖业,跳出传统农业,发展现代农业、高效农业,立足经济效益,发展高附加值、高增加值农业。二是充分利用市北村临近昆山市周市镇镇区的区位优势,紧紧抓住临近区域工厂较为集中、人气较旺,厂房、住宿以及周市镇居民对日常生活消费的需求都较高的特点,建造了2.5万平方米的标准厂房和打工楼,出租给企业主和临近工厂工人,建造了一个农贸市场和一个小商品市场,满足周市镇居民的生活消费需求。市北村建设、经营这些物业都是在组建并完善农村"三大合作社"、搭建富民强村新载体的基础上实现的。三是紧紧抓住政策资源和发展机遇,在科学规划决策的基础上,投入近亿元,建设现代服务业项目——市北大厦(共3万多平方米,16层),异地发展第三产业,进一步拓展市北村村级集体经济发展模式的新空间和村民致富的新渠道。

3. 从外延到内生,转型升级布局新发展

市北村党委书记吴根平科学整合资源、因地制宜、因时制宜,通过盘大集体资产、抓大固定收入、大力发展三产等方式方法,多管齐下,增加农民收入,形成了从外延到内生的具有市北特色的发展模式。

外延式发展主要是指市北村充分利用本村土地资源,发展高效农业、厂租经济。当本村土地资源开发殆尽、发展空间受到制约之际,市北村通过两个"转变"谋求村级经济的转型升级。一是提高单位土地的投资强度,弱化土地在项目中的重要性,突破土地制约,提升单位土地的产出效益,转变土地要素的相对稀缺性;二是以资本为纽带,积极谋求异地发展新型产业,实现从外延式到内生式发展的转变。

三、主要做法

市北村以资本为纽带,积极谋求异地发展"新型产业",创新了思路,拓展了空间,实现了市北村村级集体经济又好又快发展。

1. 解放思想,从理念创新出发谋求发展

苏州农村集体经济发展的主要模式之一是"厂租经济",享受的福利、红利主要来自农村建设用地指标和苏州蓬勃发展的工业经济。在充分挖掘土地资源潜力后,村级集体经济发展空间受到制约,经济增量有限,市北村通过厂房建设等发展农村集体经济同样遭遇到发展"天花板"。

发展农业产业项目面临资金投入大、回收周期长、产业弱质性等发展劣势,同时,市北村传统农业优势项目少,尽管探索了一条农业产业化、高效化的发展道路,但进一步发展也遇到瓶颈。市北村党委书记吴根平解放思想,从理念创新出发谋求市北村的科学发展,以资本为纽带,以政策为依托,积极谋划异地发展第三产业等新型行业。

2. 高效务实,从科学决策出发寻找项目

随着周市镇经济的发展以及建设步伐的加快,339省道南侧、青阳北路两侧区域已成为昆山北部中高档住宅小区集中区域,具体有云山诗意、远东世纪园、嘉禾花园、光大花园、自由都市、时代名苑、大德世家、金浦花园、东辉铂领、君临天下花园、长江花园、春晖景苑、锦绣豪门、中乐小区等,该区域住宅总建筑面积超过250万平方米,居住人口超过6万人。但是,该区域除了有一些配套小商业外,群众公共文化生活配套设施几乎没有,不能满足群众的文化需求。

市北村抓住周市镇规划建设群众文化活动中心的机遇,以市北村村民委员会为主体,规划建设市北村群众文化活动中心,项目性质为集文化培训、群文展演、文艺创作、文艺研究、体育活动、办公为一体的标志性的室内群众文化活动场所。项目于2010年12月开工,计划于

2013年2月竣工,占地12.3亩,建筑面积达2.8万平方米。

3. 一心为公,从民生出发获得支持

有知识、有文化、懂经营是农村基层干部的重要素质,而农村基层干部最为关键、核心的能力素质是奉献精神。以吴根平为班长的市北村党委一心为民谋福利,一心为村求发展,不断创新发展思路,以新型项目为抓手,积极探索市北村"强村富民"的新模式,此举得到了周市镇及昆山市相关部门的大力支持。经周市镇统一规划、合理选址,报市相关行政主管部门审批同意(昆发改投〔2010〕字第250号),市北村群众文化活动中心项目于2009年9月开始立项,2010年5月设计规划方案及报批,并获得批准,2010年11月按照昆山市相关规定开始公开招标程序,最终该项目由江苏中原建设集团有限公司中标承建,并于当年12月开工建设。市北村群众文化活动中心项目用地属划拨文体用地,由昆山蔚洲房产开发有限公司代建,项目计划总投资7500万元。

为支持市北村发展农村集体经济,市北村群众文化活动中心项目得到了周市镇及昆山市相关部门的大力支持和帮助,在国家政策许可的前提下,尽可能给予市北村群众文化活动中心项目各种优惠政策,如免收工程担保金、墙改基金、人防异地建设费、基础设施配套费等,减半收取防雷审验费。

4. 精益求精,从优质工程出发加强建设

作为建设投资总价在7500万元的重大项目,工程质量是百年大计,市北村坚持精益求精,以优质工程为目标,高标准建设群众文化活动中心。一是自规划设计起就邀请专业公司开展项目的可行性研究,对项目的选址、建设规模、资金需求、投资效益进行详尽的调查研究。二是邀请昆山市建筑设计院提供专业支持,承担设计任务。三是严格按照国家相关规定采用招投标的形式选择优秀的建设施工单位,该项目由江苏中原建设集团有限公司中标承建,由昆山市大恒监理咨询有限公司负责监理。整个项目施工建设过程中,市北村党委与项目设计单位、建设施工单位、项目监理单位保持紧密联系,时刻关注项目进度、监督施工质量,在确保建设质量的基础上,力求早完工、早使用、早招租。

5. 精细管理,从效益优先出发推动运营

市北村群众文化活动中心所需资金包括前期工程费、建筑安装工程费、公共设施配套费、基础设施配套费、管理费用、财务费用等合计约7500万元,市北村村民委员会作为投资主体,负责全部资金的筹集。市北村本着对集体资产高度负责的态度,在项目规划设计阶段,权衡项目给市北村带来的经济效益和社会效益。经济效益包括办公楼出租租金,社会效益包括为市北村提供就业机会、组建劳务合作社参与市北大厦的物业管理、为市北村及周市镇提供文化活动场所等。市北村党委高度重视直接关系到市北村村民福利和民生的市北大厦的经济效益,在项目完工交付使用后,将按照精细化管理要求、效益优先的原则推动整个市北大厦的运营。

四、经验启示

市北村通过异地发展,以资本为纽带发展三产服务业,推动"强村富民",可以得到以下经验启示。

1. 农村基层"能人经济"是发展的重要模式

市北村发展的拐点出现在1997年吴根平从周市外经贸办公室调回市北村担任党委书记时。在吴根平的带领下,经过15年的努力,市北村从负债累累发展到集体经济资产超2亿、村级可用财力超3000万,发展模式也由本地发展拓展到异地发展,由一产、二产为主延伸到三产并举。市北村取得的成绩与市北村党委书记吴根平的个人奋斗、艰难创业是分不开的。农村基层发展需要一个好的带头人,"能人经济"是农村集体经济发展的重要路径。

2. 农村建设"超前谋划"是发展的重要基石

农村经济的社会发展离不开农业、农村、农民的协同发展,离不开一、二、三产业的齐头并举。农村实现综合协调发展、村民享受工业增长成果,同时还要保障农村山清水秀、自然生态,超前规划是发展的重要基石。市北村充分利用资源,在本村发展农业,在村外异地发展工业、服务业及新型产业,实现了科学发展、全面发展。市北村的创新探索是苏州农村集体经济发展的重要经验之一。

3. 农村发展"政府支持"是发展的重要保障

在整个异地发展建设市北村群众文化活动中心的过程中,周市镇的鼎力支持、昆山相关部门的全力帮助起到了重要作用。从项目建设的地块取得、项目规划投资的咨询顾问到相关项目建设税费的减免等,都离不开政府的支持。市场化环境下社会资源配置的偏差使得农村获得的资源相对较少,这需要政府有所作为,从农村社会发展、农村基层组织建设的高度鼓励和支持农村发展,以壮大集体经济。

五、存在的问题和发展思路

市北村以资本为纽带异地发展新型产业形态,发展过程中还存在以下三个问题。一是投资风险大。以资本为纽带异地发展新型产业,投资金额和投资风险较大。二是人才需求大。项目选择、投资决策、后续运营等都需要专业人才,现有的村干部无法完全胜任。三是管理压力大。新型产业需要专业的管理团队和专业的管理技术,现有的管理水平已经无法适应发展的需要。

市北村异地发展,建设市北大厦,走出了一条"跳出市北,发展市北,壮大市北"的科学发展之路。未来市北村将着重做好三项工作。一是做好市北大厦的运营管理和办公招租;二是进一步做好其他新型项目的投资规划和决策,为市北后续异地发展做好项目储备;三是加强团队建设,提升管理水平和能力,为市北农村集体经济进一步做大做强做好人才储备。

【思考题】

1. 以资本为纽带异地发展新型产业能够成功的前提条件是什么?
2. 分别谈谈土地、资本两个要素在农村发展过程中的重要性将如何演变。
3. 根据案例谈谈市北村群众文化活动中心项目投资的科学性、可行性。

第五章　多业并举发展村级集体经济

概　述

近年来,苏州农村积极响应中央新农村建设、城乡一体化建设和大力发展现代农业的号召,通过充分利用资源,因地制宜,广泛引入承包经营、租赁经营、股份制合作等组织形式和经营方式,走多业并举的发展道路,村级集体经济逐步由单一的产业支撑向多元化产业经营支撑转变,由以工业为主向一、二、三产协调发展转变,由粗放化、单点化、低端化开发向精细化、系统化、生态化开发转变,使得村级经济实力大幅提升,形成了多业并举发展村级集体经济的可持续发展模式。

所谓多业并举发展村级集体经济,主要是指村级集体在发展本村经济的过程中,一、二、三产业多元发展,协调发展,村收入来源不仅依靠工业,而且在三产服务业和现代农业发展上也取得了较好的成效。这些村在发展上具备如下共同点:在发展一产上,主要依靠发展现代农业,农业生产上规模,建设现代高效农业园区,推动农业效益提升;在发展二产上,主要依靠工业企业聚集工业小区,实施品牌化战略,及时把握市场动态和政策信息,抓住机遇谋发展,打造工业发展多元化格局;在发展三产上,主要依托为工业生产配套建设标准厂房、集宿楼、商贸区,搞房租经济和近几年兴起的乡村生态观光旅游,通过配套服务、打文化牌等,以服务谋效益。

一、多业并举发展村级集体经济的发展阶段

纵观苏州农村多业并举发展村级集体经济的经历，大体可以分为以下三个阶段。

1. 创办村办企业，苏南模式树典型

在改革开放初期，在大力兴办乡镇工业的浪潮下，苏州农村遵循"离土不离乡，进厂不进城"的传统观念，绝大部分村都将重心放在兴办村级工业上，以此发展村级集体经济，一度被誉为"苏南模式"，受到各地的关注和学习借鉴。由于起步较早，效益较为明显，一定程度上完成了村级经济的资本原始积累，其中部分村目前已发展成全国闻名的"工业强村"。

2. 开展多元化经营，村级经济呈现新亮点

进入20世纪90年代，乡镇企业的转制，给苏州的村级经济造成了不小的冲击。在政府的积极引导下，村级组织开始探索多元化经营，一方面鼓励转制企业尽快融入现代企业制度发展，一方面积极探索新的投资增长点。新的投资增长点主要有两类：一是投入资金开办农产品加工厂，增加农产品附加值，打造品牌，增强市场竞争力，向现代农业要效益；二是抓住招商引资的机遇，投资建设工业小区，探索集群化配套产业的同时，通过厂房出租、建造外来人员集宿楼等向三产延伸，村级经济发展亮点颇多。

3. 全面发展，村级经济实力大幅提升

21世纪之初，苏州的村级经济发展已不满足于小投资小项目，其中部分村选择走一、二、三产协调发展的道路，在工业发展上做大做强村级工业，加强监督和引导，做好服务，探索联合发展、集团发展的新渠道。"以工促农"也有了新的发展定位，如投资建设现代高效农业园区，进一步推动农业生产发展；投资建设休闲观光旅游生态园区，扩大三产增收渠道。全面发展使得村级经济实力大幅提升，实现了更好更快的发展，也很好地贯彻了建设社会主义新农村的"生产发展、生活宽裕、乡风文明、村容整洁、管理民主"的二十字方针要求。

多业并举发展村级集体经济虽然途径不尽相同，但是殊途同归，充分体现了"宜农则农、宜工则工、宜商则商"的理念，成为苏州新农村建设和村级集体经济发展的亮点。例如，相城区凤凰泾村利用本地工业经济优势的聚集效应，建设工业园区，厂房"腾笼换鸟"，二次开发，配套集宿和商业，建设现代高效农业示范园区；吴中区湖桥村建造标准厂房出租，以房租经济起家，通过三大合作社组织统一规划建设现代农业园和村级集团公司；常熟市蒋巷村异地发展工业，本村发展规模农业，并通过延伸构筑具有本地特色的文化旅游产业链，大力发展生态观光和休闲农业。

二、多业并举发展村级集体经济的主要做法

因地制宜的多业并举使得村级集体经济实的力大大增强。归纳起来，这些村在发展村级集体经济的过程中主要有以下几点做法。

1. 抓住机遇发展工业，并促使工业向园区集中

一般来讲，这些村的集体经济的大发展都依靠工业起家，抓住了发展乡镇企业的时机，大力发展村办企业。近年来，随着村级工业的快速发展，蔓延式扩张的旧模式已不能适应新形势，多种因素促使村级工业小区的兴起和发展。作为村级工业"二次创业"的突破口，村级组织及时转变"船小好调头"的传统观念，村级工业企业规模迅速壮大，在扩张、调整中形成了工业小区的发展模式，如蒋巷村村级工业原来在本村土地上发展，规模扩大后，搬迁到向邻村租用土地建设的蒋巷工业园发展的举措，使得蒋巷村的工业发展取得了质的飞跃。另外，由于村级工业的发展与招商引资密不可分，通过"筑巢引凤"，搞好基础设施建设，建设标准厂房，营造良好的投资环境，实践也证明集中发展便于设施建设和配套服务。由于土地征用审批越来越困难，工业向小区集中调整的思路日益清晰，如凤凰泾村、湖桥村兴办工业小区招商引资成效明显，工业实力大幅提升。

2. 因地制宜发展农村服务产业

本地发展工业的村，通过投资建设三产用房，建造配套工业的外来

务工人员集宿楼、服务村民的商贸区、门面房,满足村民足不出户享受娱乐休闲的场所等,对于农村三产发展起到了加速推进的作用,有凤凰泾村、湖桥村为证。异地发展工业的村,则凭借良好的农村生态环境,以"绿色、休闲、参与、体验"为基本方针,充分整合现有农业自然资源和农村人文资源,把农业生产、农艺展示、农产品加工及旅游者体验农事活动和农村生活融为一体,大力发展乡村旅游业也是近几年村级服务产业经济发展的新亮点,有蒋巷生态园为例。

3. 有一定经济基础后,以工促农发展现代农业

发展现代农业是社会主义新农村建设的产业基础,也是发展村级集体经济的有效措施。现代农业的发展需要投入大量的人力、物力、财力,村级集体经济积累到一定程度后,利用村级工业收入作为稳定的资金来源,投资建设现代农业示范园,加强与农业科研机构、公司的项目合作,引入现代企业化运营管理模式。实施农产品品牌化策略,开办从事农产品加工、销售等的企业,提升农产品价值。

三、多业并举发展村级集体经济的经验启示

1. 抓住机遇是多业并举发展村级集体经济的关键

主动、及时了解政策信息和市场信息,善于从中找寻机遇,村级集体经济才有长足发展的可能性。比如,面临苏州开放型经济发展带来的利用外资的大好机遇,村级组织抢抓工业开发区建设,进行招商引资,推动工业强村;适逢苏州实施服务业跨越发展计划的契机,村级组织大力发展商贸经济、乡村旅游经济,极大地提升了三产服务业收入。实践证明,只有主动抢抓机遇,村级集体经济发展才有更大的空间。

2. 拓宽思路是多业并举发展村级集体经济的保证

思路决定出路,不同的思路有不同的发展路径,因地制宜是拓宽发展思路的基础。蒋巷村为了谋求工业发展空间,通过向外租地实行异地发展;为了富民,发展乡村旅游业,将传统农业提升发展为现代生态农业。凤凰泾村为了做大做强工业,"腾笼换鸟""二次开发",合理规划布局,在工业小区建设配套用房,一石二鸟,既营造了良好的工业投

资发展环境,又增加了村级集体经济收入。湖桥村毗邻太湖,生态环境优势明显,大规模发展现代农业,打造休闲生态产业,既推动了村里生态环境的进一步改善,又提升了产业发展的空间,村级集体经济收入连年翻番,如今已是"吴中第一村"。这些村都从发展需求的角度,结合本村实际发展壮大村集体经济,为多业并举发展提供可能。

3. 以工促农发展现代农业是村级集体经济发展的新亮点

没有农业,就不成农村。发展现代农业是新农村建设的产业基础,也是城乡一体化发展的必然要求,村级集体经济发达村,通过解放思想,摆脱发展农业不赚钱、拖后腿的迂腐成见,认清现代农业的广阔发展前景。这些依靠工业发家的村,殊途同归地将发展现代农业作为发展村级集体经济必不可少的环节,以工促农发展现代农业,向生态谋效益,形成了工业带动型、土地开发型、商贸流通型、产业融合型等运行模式,无疑是科学的、正确的决策。不论是高效农业、休闲观光农业,还是生态农业,都在增加村级集体收入的同时,更好地承担着建设美丽农村、美丽苏州的责任。

案例一　凤凰泾村：筑巢引凤，"水凤凰"变"金凤凰"

一、概况

凤凰泾村位于苏州市相城区与常熟接壤的最北端，地处相城北端元和塘畔，河网交织，一个"泾"字点出了这个江南水乡的"水凤凰"形象，村域面积为6.14平方千米。2001年10月，凤凰泾村与麒麟村合并为凤凰泾村，2003年5月又与雪泾村、场角村合并成为现在的凤凰泾村。现有36个村民小组，1710户农户，全村总人口为4892人，外来人口7684人。

从地理位置上讲，凤凰泾村是个不折不扣的"边远村"，没有多少优势可言。但凤凰泾人不断探索，创新发展，在整治环境、整理土地和二次开发上下功夫，闯出一条发展村级集体经济、增加村民收入的新路子。2015年实现村级收入3360万元，同比增长16.3%；村级净资产达1.7亿元，同比增长27.4%；全年实现工业销售23亿元，同比增长11%；群众收入持续增长，人均收入达32315元。目前，凤凰泾村已跻身相城区经济建设"十强村"前三甲，实现了从"水凤凰"到"金凤凰"的华丽转身。先后荣获"江苏省卫生村""江苏省民主法治示范村""苏州市村级经济发展标兵村""苏州市十佳村""苏州市建设社会主义新农村示范村""苏州市村级人均可支配收入十佳先进集体"等荣誉称号。

二、发展历程

1. 整治环境发展工业经济

两次并村，成了凤凰泾村发展中的两个转折点。第一次并村后，凤凰泾人就在环境整治上寻找经济发展的出路。新并入的麒麟村是一个规模较小的自然村，数十亩地上只住着10多户人家，土地浪费很大。村里把这个自然村纳入了"拆村建居"规划，村干部们分工负责挨家挨户上门做工作，只用一个星期就完成了拆迁任务。腾出来的土地一部分用来退耕置换发展工业，培育新的经济增长点；一部分改造成了村里第一个农民公园，在改善村民生活环境的同时，增强投资吸引力。2003年合并场角、雪泾后，凤凰泾村把环境整治摆上了议事日程，先后投资100多万元建设村内道路，投资120多万元整治36个村民小组的居住环境，投资250多万元实施环村庄绿化，投资50多万元开展9条村内河道清淤。与此同时，陆续清理淘汰了35家污染企业，在项目引进中实行环境保护一票否决制。

凤凰泾村在环境整治中变成了一个较具投资吸引力的"凤凰巢"，先后引进了160多家企业，成为渭塘镇乃至相城北部地区的一个新型工业集中区。另外，凤凰泾村对苏州绕城高速北部的几个自然村落进行了统一规划，实施"重建家园"工程，建成2个集中居住点和1个工业集中区，构筑了一只环保、科技、高效、可持续发展的"凤凰巢"。

2. 梳理土地破解发展瓶颈

土地梳理是凤凰泾村解决发展瓶颈的一个主要手段。这几年，面对土地资源越来越少、用地控制越来越严的村级经济发展瓶颈，凤凰泾村在土地梳理上连出大手笔。2004年，凤凰泾村通过拆村建居、潭坑复耕等土地梳理，抠出了48亩工业用地，投资2600多万元开发合力工业园，引进了电子、无纺布等科技含量较高的工业项目，为村里提供了稳定的经济收入。

2007年，凤凰泾村继续在"拆村建居"土地梳理上做文章，投资1100万元拆迁了有44户人家的罗埂郎自然村，用不到5亩的土地为村民建起新家园后，腾出了44亩土地。村里计划在这方土地上再开发一个工业园，并根据外来务工人员越来越多、企业安排员工住宿负担越来越重的实际情况，建造了6万多平方米的集宿楼，既解决了企业和外来工的居住困难，又提高了土地利用率，还能发展楼宇经济以增加村里的收入。村党委书记胡金根算了一笔账：罗埂郎集宿楼工程投入使用后，不仅村级净资产超过了1亿，村里每年还能增加600万元收入。凤凰泾村通过土地梳理挖掘资源，开发工业园区，凝聚合力，村里每年至少能获得750万元可支配收入，同时集聚了100多家企业。

3. 二次开发,"腾笼换鸟"

在凤凰泾村的经济发展中,"二次开发"是个主题词。自从发展工业经济以来,凤凰泾村陆陆续续办起了160多家企业。这些企业的投资起点有高有低,一些办得比较早的企业,大都是单层厂房,土地利用率低,产出率也低。还有一些在市场竞争中被淘汰的企业,厂房、土地有的闲置,有的则是以低价格出租给一些作坊式低产出企业,造成了资源浪费。

针对这一问题,从2007年开始,凤凰泾村对低利用、低产出项目大刀阔斧实施"二次开发"。村里原来有个塑料市场,在城市化进程中停业后成了一块闲置土地。村里投资880万元进行"二次开发",一期工程建起了12000平方米标准厂房,光租金收入这一项一年就能给村里增收100万元。占地近10亩的雪泾化工厂前几年在环境整治中被关闭后,出租给私营企业办了几个小项目,村里几乎没有什么收入,有的只是对生产安全、环境污染的担忧。2008年1月,村里把几个低产出的小项目清出去,投资600万元,着手开发6000平方米两层标准厂房和4000平方米配套用房,增加了120万元村级年收入。

凤凰泾村在"二次开发"中不断做大村级经济蛋糕。全村先后开发了84000平方米标准厂房,每年形成了近千万元"旱涝保收"的村级收入。凤凰泾村"二次开发"的戏正越唱越大。村里对全村所有企业的土地利用率和产出率进行调查摸底,排出了28家实施"二次开发"的企业,将原来的单层厂房改成两层或多层,在不增加一分土地指标的前提下,凤凰泾村又取得了新的发展空间,这一举措成为凤凰泾村经济发展新的后劲和亮点。

三、主要做法

1. 突出工业招商发展村级集体经济

2001年和2003年两次并村过程中,凤凰泾人通过拆村建居、潭坑复耕等梳理工作,把腾出来的土地用来发展工业,先后引进纺织、金属、电子、复合材料等企业208家,建成了爱格豪工业园、欧姆斯工业园、塑料市场厂房、麒麟村部厂房等工业小区。

合力工业园是凤凰泾人在整治环境、梳理土地过程中开发出的一个"聚宝盆"。2004年,凤凰泾村在规划出的48亩工业用地上,投资2600多万元建成了合力工业园,并引进了电子、无纺布等科技含量较高的工业项目。2010年村级集体经济光从土地上就获得了350万元可支配收入,到了2011年,合力工业园凭借其独特的配套服务优势再次引入一个高科技项目,注册资金288万元,正式投产后年销售可达8000万元。

2. 加强配套服务增长村级集体经济

凤凰泾在引入企业"活水"壮大村级经济的同时,积极发展配套服务产业,为进驻企业配套建设了8万平方米的打工楼。凤凰泾针对土地资源收紧的瓶颈,"二次开发",对旧厂房进行改建扩建招租,通过环境整治优化投资环境,以具体经济社会发展项目为突破口,不断推进转型升级步伐,探索经济发展新增长点,让凤凰泾日益成为极具投资吸引力的"凤凰巢"。

欧姆斯老厂区建于20世纪八九十年代,集聚了大量废旧造粒企业,不仅环境污染大、产出低,且年久失修,安全隐患极大。2011年,凤凰泾规划投资4000万元,将原先的单层厂房改建成多层标准厂房,在不增加一分土地指标的前提下,将9431平方米的厂房面积新增到3.5万平方米,并逐步请出废旧造粒企业,引入符合安全、环保要求的规模型企业。仅此一项,村里一年就增收500万元。

除欧姆斯厂房改造项目外,剩余7个项目的规划建设也在有条不紊地进行。2010年启动的交警中队南侧工业园项目已引进3家优质企业,年销售达到7000万元;6.8万平方米的合力打工楼将得到改造,在保留原有集宿楼、白领公寓的同时,计划建设高档会所,为土地产出增效。1.3万平方米过渡房项目已于日前完成建设,确保本村拆迁群众有住房保障。新富士达东侧还将新建一个25亩的工业园,据悉,这个工业园由村级集体投资,通过土地拍卖市场化的方式开发,将建成一个规划科学、产业合理的园区。

在转型升级的过程中,凤凰泾借力新兴产业和打造实事工程,将发展触角伸向多个领域。最近,原凤凰泾浴室改造项目2000多平方米的商业用房招租基本结束,每年将为村里增收400万;城隍庙区域计划新建2万平方米的文化产业街,通过对本地文化资源的创意开发,促进旅游文化的发展。

3. 发展高效农业助推村级集体经济

搞农业既辛苦又不赚钱,很多人不愿意搞。相城区渭塘镇凤凰泾村却看到了现代农业的广阔空间,流转出全村农田,化零为整,大张旗鼓地搞起农业来。主打高效农业的凤凰泾农业示范园,既让农产品效益翻倍,也解决了本地40岁至50岁村民的就业问题,让村民多了条增收的渠道。

在凤凰泾村与常熟交界的地方,一个个崭新的农业大棚整齐地排列着,这就是渭塘凤凰泾现代高效农业示范园的一部分。农业示范园规划了一个中心和五个功能生产区。一个中心为示范园接待服务中心;五个生产功能区分别为:苗木生产功能区规划面积2200亩,蔬菜生产功能区规划面积1200亩,瓜果生产功能区规划面积500亩,淡水养殖功能区规划面积580亩,娱乐休闲功能区规划面积50亩。

原先村里的农田种水稻和小麦,但种粮食顶多也就多点米,根本谈不上有收益。于是村里将土地流转出来,化零为整,并且在镇里的协调下拿下了凤阳村的1500亩农田,开始搞高效农业。示范园与种植大户和种植企业合作,目前正在试种荷兰黄瓜、迷你南瓜、串番茄等,目前这些蔬果在本地别的农业园基本已经证明效益还不错。另外,示范园还试种了两种哈密瓜,其中一种试种成功,马上可以推广。目前排在计划内的,还有樱桃和化桃,这两种在水果市场上都要卖几十元一斤,相比传统农业的收益,翻了好多倍。

凤凰泾现代高效农业示范园现已完成60亩的苗木基地和80亩的葡萄园建设,建有联体大棚16000平方米和单体大棚7200平方米,还有580亩的养殖水面,已初步形成规模化经营,目标是成为相城区乃至苏州市现代农业旅游的新亮点。

四、经验启示

1. 创新思路发展三产服务二产

利用好工业园区的聚集效应,凤凰泾村成功地完成了工业结构的转型升级,清理了影响农村生态的一批污染企业,并利用产业链原理,形成了具有特色和优势的工业集群。随着大批企业纷纷入驻,凤凰泾村通过二次开发的创新举措及时解决了厂房紧张的问题,同时集宿楼商业区的不断增建配套,为村级三产的又好又快发展提供了广阔的平台。

2. 发展工业经济为村级集体经济奠定基础

在当地政府和上级部门的长期关怀和政策支持下,凤凰泾村在"苏南模式"的进程中,牢牢把握好机遇,大力兴办工业企业,为村级经济的资本积累打下了坚实的基础。良好的工业基础,为多业并举协调发展村级集体经济铺平了道路。

3. 土地流转是资源优化利用的有效办法

凤凰泾村经过几次并村,及时对并入村的土地进行梳理,做好土地拆迁流转工作,并科学规划全局,成功解决了土地资源越来越少、用地控制越来越严的村级经济发展瓶颈,为多业并举协调发展村级集体经济提供了良好的保障。

4. 发展现代农业体现新农村建设的产业基础

2007年的中央一号文件指出,发展现代农业是社会主义新农村建设的首要任务,是以科学发展观统领农村工作的必然要求。随着传统农业低效、低产、高污染问题的日益严重,发展现代农业已成了必然选择。凤凰泾村在村级二、三产业经济不断壮大的同时,力推现代农业园区建设,发展高效农业、观光农业调整一产转型升级,以一、二、三产协调发展,多业并举的模式不断助跑村级集体经济,取得了丰硕的成果。

五、存在的问题及发展思路

凤凰泾村依托本地发展工业园区,催生房租经济和商业区等三产,发展现代农业的多业并举发展模式中面临两大问题。一是工业园区的壮大使得村级管理难度加大。凤凰泾村目前拥有200多家的工业企业,工业的蓬勃发展带来了三产的繁荣,壮大了集体经济的实力,也对治安、环境等村级社会管理提出了更高的要求。社会稳定、环境保护好的地方才能不断吸引企业入驻发展,才能留住好资质的企业,做到双赢。二是现代农业受环境影响较大。凤凰泾现代农业示范园建设虽已初具规模,但2011年台风来袭让我们明白即便是高效农业也是有很大风险的。另外,由于高效农业的市场尚处于开拓阶段,应对市场环境的能力需要进一步增强。

针对这两个问题,凤凰泾村通过创新改革,一方面,在社会管理和村容整治等工作上,进一步提高管理队伍及人员的政治敏锐性和工作水平,增加管理人员,保障管理到位;同时,不断加强与企业及人员间的走访联系,做到及时了解近况,主动为企业排忧解难,确保企业员工安全生产、安心工作和安定生活。另一方面,在发展现代农业方面,继续加大农业基础设施的投入,为稳定产量提供保障,并坚定不移地走高效之路;同时,加强与同在相城区的多个农业园区之间的联系合作,优势互补,及时了解市场动态,捕捉信息,尽可能地做好市场预测,力争做到"市场将会需要什么,而我们已经在生产了"。

【思考题】
1. 凤凰泾村在发展工业的过程中采取了哪些措施"筑巢引凤"?
2. 凤凰泾村在工业发展后为何要反哺农业?农业的发展给凤凰泾带来了哪些效益?

案例二 湖桥村：多业并举谱写村级集体经济宏伟蓝图

一、概况

湖桥村位于苏州市东太湖之滨，隶属于吴中区。历史上，横浦渡地区交通不便，村民生活条件较差。2003年11月，湖桥村与相邻的兴建村、下泾村两个薄弱村合并为现在的湖桥村，村域辖区面积扩大到10.38平方千米，全村有28个自然村、32个村民小组、1178户、4726人。2005年的湖桥村，村级收入仅有100多万元，村级资产仅有1000多万元，全村总负债却超过400万元，是吴中区的一个贫穷村。而到了2015年，湖桥村村级集体收入突破了1亿元，10年翻了7番；村级集体资产达到了8亿元，6年增长了80倍，在2006年和2009年就已经成为"临湖镇第一村"和"吴中区第一村"，实现了经济发展的精彩跨越。

在没有突出优势、特殊背景的情况下，湖桥村创造了奇迹，从"后来者"一跃成为新农村建设的"领跑者"，依靠的法宝就是因地制宜，多业并举，创新思路，积极探索一、二、三产村级经济协调发展的有效措施。在推进经济发展和农民致富的过程中，湖桥村分别组建了物业股份合作社、社区股份合作社和生态农业股份合作社。通过规范运作，精心打造，实现了村级经济的快速发展和农民收入的显著增加。湖桥村的探索实践和跨越发展，特别是2010年组建湖桥集团联合发展的举措，为推进新农村建设和城乡一体化发展，提供了又一个鲜活的样本。

二、发展历程

1. 农业发展解决温饱

湖桥村是原浦庄镇的行政村之一，占地面积和人口规模都较大，地处太湖之滨，生态优势较为突出，村内土地肥沃，是苏州地区农业高产区之一。20世纪七八十年代，依靠农业优势，湖桥村的发展处于全市的中等位置,但是由于农业受到的制约因素较多,农业的效益普遍较低,如粮食、棉花等大宗初级农产品价格仍然偏低,农产品加工链尚未成型,总体效益难以提高,所以村民仅能满足温饱,村级经济较为薄弱。

2. 满足现状错失机遇

在江南大地兴办乡镇企业的风潮下,湖桥村却错失工业迅猛扩张的良机。1978年,全村办了毛纺厂、服装厂、针织厂、土砖窑、鞋厂5家村办企业,集体固定资产1.12万元,村办企业总产值10万元,工农业总产值41万元。到了1990年,新办企业又新增了仪表厂,整个村级固定资产达到61.42万元。但在改革开放初期市场经济的浪潮中,由于市场环境和管理经验不足等因素的制约,村里多家企业陷入了困境。2003年,原湖桥村与相邻的两个薄弱村合并时仅有毛纺厂、电镀厂两家像样的企业。由于经济实力不济,村里一度陷入了无所作为的窘境,基础设施残缺不全,村容村貌脏乱不堪,村民如一盘散沙,老百姓靠天吃饭。2005年,全村年收入100多万元,负债却超过了400万元。

3. 循环经济资本递增

2005年,湖桥村迎来了发展历史上的第一个转机。那年,由电镀厂的污染问题引发了一场规模较大的群体性事件,村里果断地无条件关闭了两个生意还不错的工厂,转而重视生态农业的发展,针对花卉、苗木的市场行情,开发种植了千亩的花卉苗木,保持了2500亩的水产养殖基地。近三年来,湖桥对全村的生态农业、生态居住、生态招商、生态企业的入驻配套投入了持续发展的资金。

依靠"敢破敢立、推动循环"的经济循环观,湖桥村不断加快基础设施建设,推动投资环境的改善,更好地借助外力,招商引资,增强村级经济实力,实力增强后,再强化基础设施的建设,开展下一轮经济循环。旧观念和发展模式的打破,换来了湖桥的勃勃生机。2005年至2006年,全村"借鸡生蛋""借船出海",一下子就建成新标准厂房13万平方米,仅标准厂房租金一项,全年可为村里增加收入1300万元。而到2014年12月,湖桥全村工业性租赁用房和配套用房已达40万平方米,而且全部"名花有主",落实了招租,村集体租赁性经营资产总值突破5亿元,全村落户的外资、民营企业已接近80家。湖桥村在一次次"破"

与"立"的思想解放和经济循环中,创造了巨大的物质财富,为湖桥的可持续发展和新农村建设提供了强有力的资本支撑。

三、主要做法

1. 科学制定规划,协调产业布局

2003年,原湖桥村合并了邻近的两个经济薄弱村后,村域面积扩大到现在的10.38平方千米。摊子变大后,问题接踵而至:农田分散,农宅凌乱,农村道路不通。为改变这些落后面貌,湖桥村以功能定位为依据,以规划先行为原则,先后制定了《湖桥村实施市级新农村建设示范村整体规划》《湖桥村村庄建设整治规划》《苏州市"鱼米之乡"万亩生态农业产业区开发建设规划》,把农民的生产、生活、休闲、一、二、三产业"合并同类项",把全村划分为五大功能区,即工业开发区、商贸经济区、现代农业产业区、乡村文化区、行政服务区。

工业强村后,湖桥村开始工业反哺农业,发展特色现代农业产业带。万亩生态农业产业区规划分为观光农业、生态农业、特种养殖、有机农业、农业示范、水产养殖六个功能区域,并规划建设农家饭庄、集散广场等配套设施,通过完善基础设施配套、提升生态环境形象、引进应用现代农业科技成果,将"鱼米之乡"项目打造成为具有现代农业标准、生态景观特色和环境保护效应的综合性高效农业产业园。目前,区域内基础设施建设、生态景观建设已经基本完成,相关部门已与湖桥村达成意向,今后这里还将成为苏州餐饮协会食品基地和苏州大学野外拓展训练基地。

规划先行带来了丰硕的经济成果和靓丽的村容村貌。如今,湖桥村共吸引了90多家外资、民资企业投资落户,村里先后建起了30万平方米的标准厂房和配套用房为企业"筑巢",全村每年来自工业经济的收益已超过2500万元。为方便外来人员和农民生活,村里还建起了三产租赁用房,农贸市场、电子阅览室、商贸超市等绵延了两千多米,形成了一条蔚为壮观的商贸街,每年来自三产服务业的收入可达1000多万元。湖桥村的集体经济发展也进入了高速增长的"快车道"。全村集体总资产从当初的1000多万元增至目前的6亿元;村级年收入从100多万元增至8063万

元;农民年人均收入从8000多元增至20800元。现在,湖桥村人人是"股民",农民红利分配(包括政策性、福利性补贴)相当可观。

2. 合作社走向市场,探索现代企业发展之路

从2005年开始,湖桥村先后组建了湖桥社区股份合作社、物业管理股份合作社、生态农业股份合作社这三大农村合作经济组织。湖桥村的股份合作社,是参照了股份制企业的组织原则与分配方法的新型合作经济,这种经营模式的最大长处是有效地将村级集体以及农村的土地、资产、资金、劳动、人才等各种生产要素整合起来,有利于集约经营和优化结构。集团公司成立后,通过现代企业制度,进一步激活集体"三资",即资源、资产、资本,不断发展壮大村集体经济,促进农民增收。村内8000多亩土地将全部流转到生态农业股份合作社进行规模经营,并公开对外招商。目前村里引资5亿元打造了现代化的高科技农业园,按每亩3000元租金计算,每年就有2400万元的收益。湖桥村在发展农村股份合作经济的同时,积极探索现代企业发展的富民强村新路。

2010年11月,湖桥村在合作社的基础上成立了湖桥集团,这是全国首个依托农民合作社成立的集团公司。三大股份合作社组成董事会,推荐董事长,集团公司指派子公司执行董事,行使董事长职权,各子公司招聘职业总经理全面负责子公司的经营和管理工作。在财务管理上,集团公司设立财务科,统一对子公司行使财务管理职能。五大子公司均实行经济独立核算,跳出"农字头",转入三产服务业领域,每年至少能创收3000万元。收益分配实行四六分成,即60%的部分按出资方比例返回三大股份合作社用作农民股金分红,40%的部分留作公司积累用于再生产经营。

3. 打造发展优势,形成良性互动

论发展基础,论自然资源,论区位优势,论产业结构,无论从哪一个方面来看,湖桥村都没有突出的优势,反而因为靠近太湖,发展受到诸多限制。一个各方面条件都不出众的村,竟然能在短短六年的时间里实现跨越式发展,关键在于因地制宜,把劣势转化为优势。湖桥村靠近太湖,这对发展工业是极大的制约,而且随着形势的发展,限制会越来越严格,这对发展工业经济来说是很大的劣势,但湖桥人敏锐地意识

到,靠近太湖也意味着生态环境优美,发展无公害绿色农业、现代高效农业和休闲旅游大有可为。湖桥村把"鱼米之乡"生态环境的营造和投资硬环境的提升结合起来,在实施道路硬化、路灯亮化的同时,始终把村庄绿化、河塘洁化、环境净化、住房美化的工作同步开展,把湖桥打造成一幅迷人的水乡风光图。湖桥的水产养殖基地出产的太阳岛青虾等优质水产品在周边市场也广受欢迎。湖桥村靠近老的浦庄镇区,村里利用这个优势,将沿街的老式房屋进行统一规划,重新建设装修,形成了整齐漂亮的沿街门面房,并进行了规范租赁,使村里原有的老式房产价值最大化,集体资产得到了保值增值。湖桥村依靠自己创造出发展优势,千方百计开辟经济发展空间,把集体经济发展推上快速发展、高速增长的"快车道"。湖桥村良好的发展环境使前来投资的电子科技型企业越来越多,愿意到湖桥安家落户、打工就业的新苏州人也越来越多,生态与企业之间形成了良性的互动循环。借助雄厚的村级集体经济实力,湖桥村实现了工业反哺生态建设、让生态做"招商员"的良性循环。

四、经验启示

1. 营造良好的外部环境,为村级集体经济发展创造条件

湖桥村发展经济的过人之处不在经营实体上而在经营舞台上。湖桥村有着强烈的"资源观",这个资源在湖人眼中就是土地。湖桥人一直秉承着"寸土不让""寸土不卖"的观点,在土地资源上做文章,并且获得了不断增长的产出和效益。在湖桥,基本不提产值、利润、税收等概念,强调的是"收入",在较短时间内实现了土地经营从单一农业向工业服务业的转型。湖桥人依托规划对土地进行了高标准的整治,并按照宜农、宜工、宜商的不同要求,配套了地面上和地面下的各种基础设施,加上周到的亲商服务,成功吸引了大批投资者到湖桥这个"舞台"投资。

2. 善于把握发展机遇,寻找村级集体经济发展的关键点

多年来经济社会发展的实践证明,机遇是一种重要的战略资源,错过一次发展机遇,就会失去一个时代;抓住一次机遇,就会赢得一次跨越。湖桥村的发展,深刻诠释了这个道理。比如,2003年兼并两个经济薄弱村成立新的湖桥村后,湖桥村的土地一下子增加了很多。湖桥人就紧紧抓住这个机遇,通过科学合理规划,及时整合土地资源,为后来的发展腾出了发展空间。比如,湖桥人紧紧抓住农村工业化的机遇,及时进行标准厂房招租,形成了独具特色的房租经济。比如当前,苏州的城乡一体化综合配套改革已经进入新三年试验期,湖桥人在2011年就研究和分析了过去三年改革的成绩和面临的形势,大体预估省里和市里对今后三年改革的着力点,实施了抢先和新一轮政策的对接。再如,国家扩大内需政策,把做大农村市场作为重要的一条,湖桥人就抓住这一机遇,着力发展农村商贸经济。

3. 注重凝聚发展精神是村级集体经济发展的保障力

湖桥人身上有一种强大的精神力量,激励着他们去拼搏奋斗。湖桥人的精神,主要体现在这样几个方面。一是不甘人后,穷则思变。在2006年开始建设标准厂房招商引资时,由于没有资金,从书记到全体村干部,均积极主动地行动,向外筹借到资金200多万元,就靠借来的这笔资金,湖桥村跨出了脱贫致富的第一步。二是永不满足,勇擎高峰。在发展中,湖桥人不断根据发展的形势,制订不同的追赶目标。比如在创业之初,湖桥人瞄准了"临湖第一村",实现目标后又瞄准了"吴中第一村",在2009年实现目标后,又把追赶的目标瞄准了张家港永联村。可以说,正是这种永不满足的精神,才使湖桥村的发展不断攀上新的高峰。二是居安思危,主动作为。湖桥人在取得今天成就的同时,一直充满着强烈的危机意识,他们知道"后面的追兵"与他们的差距并不大。在三大股份合作社效益还处于增长期时,就谋划建立湖桥集团,探索股份市场化的发展方式;在拥有全区竞争力和综合实力最强的村级工业小区的同时,就积极谋划三次产业成分由"二、三、一"向"三、二、一"协调发展转型。

五、存在的问题及发展思路

制约湖桥村发展的因素主要有两个,一是人才问题,二是合作社体制问题。要保持湖桥今日的辉煌,核心问题是"人气"。从地理位置看,湖桥村属于城市边缘区,远离城市,比较容易流失年轻人,存在着人口"过疏化""老龄化"的危机。村里近60%的人口是来自四川、安徽等地的打工者,人口流动率大。失去年轻人,村级集体经济发展就失去了未来,留住人、吸引人成为湖桥村长期重视并要解决的大问题。唯一的出路是依靠不断创新、不断完善的自我构建,把湖桥建设成人们向往的地方。湖桥的格局定位应该是以霍华德提出的"田园城市"理念为指引,走就地城镇化道路,建设好"湖桥小镇"。今后的工作重点放在如何吸引较高层次的产业、营造较高层次的生活环境上,如交通、金融、商业、医疗、教育、休闲娱乐等各类生活设施的高标准配套,用环境吸引人才、留住人才。从合作社体制问题来看,湖桥村的股份合作社是一个创新,由股份合作社组建的"集团"更是一条村级集体经济发展的全新思路,如果运作方式停止在习惯思维和传统体制框架内,其运作过程中就难以避免信用风险、权力过于集中而导致决策失误的风险。要保证股份合作社以及集团公司能持久健康地运行下去,根本的出路还在于内部制度的合理安排并不断完善。一是健全股份合作社的股东代表大会制度。股东代表大会不仅是三大股份合作社的最高权力机构,而且应成为集团公司及五个子公司的最高权力机构。合作社所有事项应当严格遵守向股东代表大会报告的制度并由股东代表大会作出相应的决议。二是成立集团公司重大投资决策委员会。委员会人员由股东代表大会选举产生,承担对重大投资项目进行风险管理的责任,聘请专业的评估分析机构对重大决策形成评估报告并做好公示。三是健全和完善三级监督机制。委托代理者应该对受委托代理者实行常态化监督,对于监督内容、形式以及如何保证实施,都应有明确的规定。

【思考题】

1. 2010年10月,湖桥村成立湖桥集团。湖桥集团的成立对湖桥村的发展有哪些帮助?存在哪些问题?

2. 湖桥村在发展中还面临哪些问题?有哪些解决的办法?

案例三 蒋巷村：三业互动奏响集体经济"奋进曲"

一、概况

蒋巷村位于常、昆、太三市交界的阳澄水网地区的沙家浜水乡，东濒上海、南临昆山、西接苏州、北依常熟，处于苏嘉杭、沿江、苏州绕城等高速公路的环抱之中，交通十分便捷。全村186户，800多人，村辖面积约3平方千米。按照村"农业起家、工业发家、旅游旺家"的发展思路，蒋巷村农业、工业、旅游业三业协调并进，全村现已形成常盛工业园、农民新家园、生态种养园、村民蔬菜园、无公害粮油生产基地"四园一基地"的基本格局。学校像花园，工厂像公园，村前宅后像果园，全村像个天然大公园正是蒋巷作为社会主义新农村的真实写照。

蒋巷村先后被表彰为"全国文明村""全国文明村镇建设先进村""全国民主法治示范村""江苏省文明村""江苏省百佳生态村""江苏省循环经济示范村""江苏省民主法治示范村"，获得"人居环境范例奖"。蒋巷村的发展吸引了国家多位领导人前来参观考察，2004年3月，温家宝总理视察时称"你这个村叫作全面发展，农业发展、乡镇企业发展、农民富裕"。同年11月，曾庆红副主席视察时被树木成林、草绿花红、稻谷飘香的景色深深吸引："多好的地方啊，这就是现代化新农村。"2010年4月26日中宣部部长刘云山为蒋巷村题词"幸福新家园、和谐文明村"。2015年，蒋巷村全年经济总产值16.6亿元，人均国民生产总值超过4万美元，村民人均年收入近4万元。

二、发展历程

蒋巷村把党的政策、群众需求与自身实际紧密结合起来，不断解放思想，坚持艰苦创业，走出了一条"农业起家、工业发家、旅游旺家"的发展路子。

1. 农业起家

20 世纪 60 年代的蒋巷村,是一个"小雨白茫茫,大雨成汪洋"的低洼地。1966 年,23 岁的常德盛担任村党组织书记,提出"天不能改,地一定要换",带领全体村民开始实施规模宏大、持之以恒的治水改土工程。从 1968 年开始以平坟墩、倒杂树、挖深沟为主的第一战役,从 1975 年开始以平整土地、填河填浜为主的第二战役,从 1985 年开始以筑路建渠、建设规格田为主的第三战役,自 1992 年开始以路、渠、田、林标准化建设为主的第四战役,历时 20 多年,累计投入劳动力 6 万余工,完成土石方 50 多万方,硬是用一根扁担两只筐,将 1700 亩低洼田填高了 1 米多,建成了"田成方、树成行、渠成网、路宽敞"的旱涝保收的粮田,粮食亩产稳居苏州地区前列。直到今天,蒋巷仍是全省人均向国家出售粮食最多的行政村之一。近年来,他们又实施"储粮于田"的沃土工程,对全村农田进行彻底改造,建成千亩集约化经营、机械化耕作、标准化生产、生态化种植的无公害优质粮油生产基地,现代农业形成规模。

2. 工业发家

改革开放后,苏南乡镇企业异军突起。蒋巷村决心打好工业翻身仗,真正拔掉穷根奔富路。了解到泡沫延伸产品可做新型建材,蒋巷村的村干部们立刻四处出击搞市场调研。1992 年春,首座投资 600 余万元、拥有两条生产线的厂房建成投产。凭着一群庄稼汉的质朴和韧劲,加上过硬的产品,"常盛"轻型建材很快成了用户青睐的名牌产品,创办的常盛集团从无到有、从小到大、从弱到强,如今已成为华东地区规模最大的轻、重钢结构及轻质建材企业,产品销往全国 20 多个省市区,业务量和利税总额每年以 40% 的速度递增,"常盛"商标被评为江苏省著名商标。工业的快速发展,使常德盛和他的创业者完成了从庄稼汉到企业家的成功转换,蒋巷村也走过了工业富民的"财富拐点"。

3. 旅游旺家

进入新世纪,蒋巷村的工农业经济已具规模,他们又创造性地提出了旅游兴村的新思路。他们全面调整种植结构,依靠工业反哺,先后投资上亿元,开河挖渠、建桥铺路、造楼修亭,打造了常盛工业园、农民新家园、村民蔬菜园、生态种植园和无公害粮油生产基地"四园一基地",

借助沙家浜红色旅游及周边旅游风景区的辐射效应,积极开发以新农村建设为基础的新农村考察游、以无公害粮油生产基地为依托的生态农业乡村游、以爱国主义教育基地为主要内容的中小学社会实践游等,每年吸引游客10多万人次。2005年,蒋巷村被国家旅游局评为"全国农业旅游示范点",2008年旅游收入800多万元,实现了经济效益、生态效益和社会效益三赢。

三、主要做法

1. 以工业发展为支持,开发乡村旅游业

由于蒋巷村是依靠工业发展发家的,其乡村旅游开发的主要融资渠道就是村主体经济龙头企业——江苏常盛集团。常盛集团是江苏省先进企业、高新技术企业、免检企业,拥有雄厚的经济实力。蒋巷村乡村旅游发展主要包括两方面的投入。一方面是直接投入资金支持旅游设施建设。江苏常盛集团属于蒋巷村村办企业,年产值达到10亿元。在乡村旅游发展初期,蒋巷村共投入3000多万元,疏湖,建亭,建起具有水乡特色的休闲棚屋和廊舍,开发拓展项目功能设施等,并修建停车场、蒋巷宾馆、农家乐、度假旅馆等辅助设施。另一方面是间接投入,主要是指蒋巷村的"四园一基地"建设。在建设初期,这些作为蒋巷村村民福利而规划修建,如今已成为乡村旅游展示蒋巷新农村建设的主题范例之一。

2. 以"农"为中心,开发产品和市场营销

蒋巷村开发乡村旅游,主要将"农"字文章做得更大、更深、更优、更活、更加富有魅力。借助沙家浜红色旅游及周边旅游风景区的辐射效应,定位于现代化新农村,积极开发绿色生态旅游产业,推出"新农村考察游""学生教育游""农家乐趣游""田园风光游"和"休闲生态游"五大旅游线路。

3. 经集体为依托,统筹经营开发模式

蒋巷村的主要经营管理模式为村集体统筹开发的经营模式,村的整体规划和建设是由村集体主导进行的。蒋巷村的耕地由村集体统一管理,承包给村里的种粮大户,机械化种植,所产粮食由村集体高于市

场价格收购再以低价卖给村民作为福利。村集体留下小片土地分给各户种植日常所需蔬菜。村内建筑设施以屋顶颜色区分公私所有,红色为个人所有,蓝色为集体所有。蒋巷村除农民新家园属于由村集体规划建设后以优惠价格卖给村民所有外,其余设施的所有权和管理权都属于村集体,由村集体统一规划、开发和经营。村旅游发展公司主要负责组团、接待、旅游设施建设、园林绿化维护等日常事务管理,由村委会直属管理。蒋巷村的主要旅游收入包括游览门票、采摘、拓展项目的收入及蒋巷宾馆、农家乐的餐饮与住宿等收入。这些收入由村集体统一管理,以年终分红形式回馈村民。

四、经验启示

1. 抓好基层组织建设凝聚合力

建设社会主义新农村是一项创造性的伟大事业,需要建设坚强有力的基层党组织,需要培养造就一大批像常德盛同志这样的带头人。基层党组织要深入开展学习,不断增强对人民群众的感情,不断提高服务人民群众的本领,大力发扬艰苦奋斗、求真务实的工作作风,全心全意为广大人民群众办实事、解难事、做好事,努力在社会主义新农村建设中创先争优、走在前列,在实现科学发展、促进社会和谐的实践中做出一番成绩,干出一番事业。

2. 注重利用农村特色资源发展服务业

目前,许多农村的三产服务业还停留在传统的餐饮服务业和短途运输业上,而生态旅游业、金融、物流等现代服务业发展比较滞后。蒋巷村从生产性、公共服务性以及农村消费性等方面着手发展农业旅游经济,围绕农业产前、产中、产后服务,积极建立农业生产性服务体系;注重农村教育、卫生、文化、旅游等不同层次公共服务体系的建设;了解需求,引导需求,积极发展农村消费性第三产业,促进农村三大产业协调发展,夯实新农村建设的物质基础,使得农村更像农村,不断吸引"城里人"到蒋巷度假旅游。

3. 艰苦不艰苦都要创业的精神是蒋巷村持续发展的动力

蒋巷村的工业发展和农业发展很早就取得了成功,但是依旧没有放缓创业富民的脚步,积极寻找发展机遇,不惧挑战,才有了蒋巷经济持续发展的今天。随着农村的发展和社会的进步,人们对农村基层干部们"艰苦创业"的要求,早已不再是"饿肚子""穿草鞋"了,然而只要创业,必然艰苦,但唯有艰苦创业,才能确保村级集体经济长盛不衰。

五、未来的发展思路

未来蒋巷村的发展主要要做到两条。一是建成"绿色新农村"。党的十八大明确提出了着力推进绿色发展、循环发展和低碳发展等理念,这让蒋巷村深受鼓舞,在未来加大对村庄环境的整治和改造中,更好地保护和彰显江南田园风光的基本特色,保持并不断提升生态环境的优势,使农村更像农村,农民更向往农业。"绿色蒋巷",是蒋巷村五大建设目标之首。蒋巷人向记者细述说:"我们要把蒋巷村3平方千米土地都建设成一个公园,环境要绿色;蒋巷村生产的食品,大米、水产、水果都要无公害、有机;农民的生活要低碳。"除建设"绿色蒋巷"外,还要建设"优美蒋巷、整洁蒋巷、和谐蒋巷、幸福蒋巷",为未来的蒋巷村描绘了一幅幸福新蓝图。二是培养好接班人。培养好接班人,让村级集体经济持续协调发展下去,也是当前很多"明星村"村级组织建设需要考虑的问题。"蒋巷未来的发展,一定要没有我老常照样行。但是,作为一个共产党员,让百姓永远过好日子是我终生的追求。"常德盛说,现在他要把主要精力用在培育年轻一代身上,"建立一个没有常德盛也照样生机勃勃的班子和队伍,从而团结带领蒋巷人民,在十八大精神指引下,在科学发展的道路上创造新的辉煌。"

【思考题】

1. 蒋巷村在发展乡村旅游上有哪些好的做法?你还有哪些建议?
2. 在经营管理上,蒋巷村采取统筹管理的开发方式,你认为这种方式对村级集体经济的发展有哪些促进作用?又有哪些弊端?

第六章　资本运作发展村级集体经济

概　述

　　资本运作发展村级集体经济就是村集体通过将存量资金入股企业经营、成立专业合作社、异地购买资产等投资形式增加集体收入。随着苏州城乡一体化纵深的不断推进，有的城郊村土地征用较多，积累了大量的土地征用补偿金；有的村集体经济自身发展较快，积累了大量的货币资产。如何管好、用好这些货币资产，实现货币资产的保值增值，是村级集体经济进一步发展壮大的关键所在。资金入股分红是这些村进行资本运作的常见方式之一。同时，也有不少村开始打破地域限制，尝试走异地物业经济之路，在城镇、工业功能区等发展标准厂房、商业用房等物业项目，为村级集体经济开辟新的发展空间。这种模式虽然对村级集体经济实力要求较高，有一定经营风险，但只要运作恰当，就能为村集体带来相当丰厚的回报。

　　从整体上来看，资本运作发展村级集体经济是苏州农村经济发展到一定历史阶段的产物，同时也是苏州城乡一体化进程中的历史必然。从苏州通过资本运作发展村级集体经济的发展历程来看，基本上采取三种模式：一是土地拆迁后，丧失发展农业的先天条件，通过手中的拆迁补偿款进行投资，提高农民的财产性收入；二是村级集体资产本身就比较雄厚，有了一定的资本基础，拆迁后又有一部分资金，于是多措并举发展资本运作型经济；三是本身没有拆迁，拥有的土地资源比较丰富，但是产值不高，这种情况下，把土地资本化，成为提高村级收入的主要途径。

一、资本运作发展村级集体经济的主要做法

资本运作发展村级集体经济的主要做法有以下几点。

1. 发展股份合作，促进村级集体经济发展

在探索村级集体经济资本运作发展新模式的道路上，构建专业的农村合作社成为苏州一些村级组织很早进行的尝试之一。吴中区的上林村、太仓的太星村、昆山的群谊村、张家港的城南村等都是"三大合作"发展的典型村。这些村通过实行股份合作经营，按照自愿原则，吸收村级集体、农民入股，进行资本运作，创办经济实体，盈利按股分红，促进集体增收、农户得益。在进行资本运作时，明晰集体产权，创新运行机制，通过量化集体资产、吸纳农民增量股等形式，对生产要素进行重新组合，让农民群众享受到更多的实惠。

2. 资产租赁开发，促进村级集体经济发展

一些村按照强村富民目标，以富民工业区为载体，为企业创造宽松环境，搞好配套服务，切实提高农民的村级集体经济发展水平。村里通过"统一规划、统一设计、统一建设、统一管理、统一出租经营，产权独立，收益归村"的形式，建成了包括五金、化纤、纺织、电子、塑化、材料等行业在内的富民工业小区，通过招商引资的形式吸引企业入驻，收取租金。同时，依托工业小区建设，建造了打工楼、农贸市场等物业设施，使富民工业区的各项配套设施不断完善。还有一部分村抓住城市化的机遇，以投资高端物业、吸引服务企业入驻等形式增加收入。通过物业经济、楼宇经济、租赁经济模式促进村级集体经济发展的典型例子很多，村里通过集体资产租赁、建设标准厂房和打工楼出租等多种途径，盘活了存量资产，为村级集体经济的发展奠定了良好的基础。

3. 异地运作经营，促进村级集体经济发展

异地发展是村级集体经济发展的新方向。由于本地土地资源的制约，资本运营的空间相对狭小，集体经济的进一步壮大受到限制，这部分村通过资本运作经营，到地理优势明显、土地资源相对充裕的地域兴

建厂房、收购异地的优质资产等，以提高物业租金收入；同时，根据城镇化进程的需要，进一步拓宽发展领域，兴建一些商业店面，通过与企业以及其他经济组织的入股、联营等方式进行异地发展和在本地或外地城镇的商业区、工业区等投资经营性项目进行异地发展，多措并举推动村级集体经济持续快速健康发展。

二、资本运作发展村级集体经济的主要成效

通过资本运作发展村级集体经济尤其是物业经济、租赁经济、楼宇经济、投资经济快速健康发展，对于推进农村经济发展、农民增收等发挥了重要作用，为新农村建设奠定了坚实的基础。

1. 促进了农村经济发展

通过资本运作，剩余资产的增值空间得以盘活，不仅为村级集体资产创收开辟了稳定的收入来源，而且通过统筹调配资本资源，搭建统一的发展平台，为农民创业、就业、增收提供了良好的机遇，为失地农村经济社会的发展注入了新的活力。

2. 提高了农民收入水平

村级集体经济的发展，不仅减轻了农民在农村公共基础设施建设中的个人投入负担，而且为提供农民福利、帮助解决农民就业岗位、促进农民增收致富创造了条件，尤其是一些集体经营性资产比较强的村，通过农村社区股份合作制改革，还可以让农民每年得到集体资产的分红收入。

3. 夯实了农村建设基础

新农村建设需要大量资金投入，在财政支农资金投入有限的情况下，村级集体经济的发展较好地解决了新农村建设资金短缺的问题，为农村基础设施兴建、人居环境改善、新农村建设快速推进提供了有力的资金支撑。

4. 保障了组织正常运转

村级集体经济的发展增强了村级班子为民办事的能力，调动了村干部的工作积极性、能动性，增强了村级组织的凝聚力、战斗力和号召

力,为顺利贯彻落实党和国家在农村的方针政策、维护农村和谐稳定提供了坚强的组织保证。

三、资本运作发展村级集体经济存在的问题

从现实的情况来看,村级集体资产资本运作还存在以下问题。

1. 资本运作股权流转存在局限性,缺乏规范性

作为资本运作最重要载体的村级股份合作模式,绝大部分村民或股东拥有的股份,只是作为享受收益分配的依据,并非拥有完全的所有权,不能在其他自然人、法人之间流转和代位继承,也不允许任何增资入股的投资行为。这种股权流转形式不利于促进资源的优化配置,影响村级股份经济合作社的市场化运作。而且,随着农村老龄化人口的不断增加,他们手中持有的股份如何进行再优化分配也成为通过资本运作发展村级集体经济面临的严峻问题。

2. 资本运作股东监督管理意识弱,缺乏科学性

选择单一的出租固定资产的模式来实现村集体资产的保值增值,从一个侧面说明现在农村缺乏善于经营的人才,或者说无法吸引有经营才能的人来经营运作村集体资产。目前,大多由村委会或村干部对农村集体资产进行经营管理,村委会成员和村干部是经村民推选出来进行公共事务管理的,他们在经营管理过程中,由于专业知识的缺乏,对于资产运营和市场经济认识不足,管理思路相对狭窄,墨守成规的传统管理方式也无法满足现代农村集体资产管理的基本需求,因而,缺乏有效的经营管理手段成为影响农村集体经济发展的重要因素。同时,由于缺乏民主管理、民主监督的机制,村集体的成员既无法直接参与到集体资产的经营管理当中,也无法发挥其在农村集体资产管理当中所具备的民主监督的功能,造成其对农村集体资产的监督管理流于形式。

3. 资本运作村级资产管理不规范,缺乏明晰性

虽然名义上集体财产属于集体经济组织的所有成员,但单个成员并不直接行使农村集体资产的各项权能,而是将集体资产委托给村集体经济组织,村集体经济组织进一步将集体资产委托给具体的经济主

体。因此,对代理经济主体的激励约束、信息传递机制显得尤为重要。而现行的村级集体经济委托代理关系不清晰,监督、激励机制尚不健全,集体经济内部存在一定的效率损失。

目前苏州村级集体经济的主体收入对企业依赖性仍然较强。虽然苏州在发展村级集体收入上不断创新思路,村级集体经济不断寻找新的发展方向,形成了多样化的发展模式,但收入主要来源仍然是土地、房产、设施出租收入。村级集体经济的主体收入部分对企业依赖性较强,而且收入来源的单一化趋势日益显现,企业效益不好或从村内迁出对村集体经济影响较大,增加了村级集体经济的波动性。

四、资本运作发展村级集体经济的发展前景

从发展前景来看,苏州市农村集体经济资本运作主要有以下三方面的举措。

1. 创新发展方式,扩大村级集体经济的发展空间

积极探索村级集体经济的有效实现形式,大力发展多种股份制形式的法人经济实体,并探索由农民持股会、其他公司法人、自然人等构成的多种股权结构的集体经济组织形式,为发展村级集体经济奠定基础。

实行联合发展。一是在优势产业区域范围内的区域联合型发展;二是集中资源丰富但经济一般的村抱团型发展;三是经济强村带动经济一般村共同致富的强村带动型发展;四是各镇政府统筹村、企业及项目资源的镇村企组合型发展。

鼓励多元发展。一是发展不同产业或对现有产业结构进行调整;二是投资同一产业的不同项目或对现有项目进行调整。以市场为导向,不断优化产业结构,改善项目投资,鼓励多元发展,不断提高集体资产的盈利能力和抗风险能力。

2. 突出转型升级,拓宽村级集体经济的发展路径

充分集中资源、资产、资金,因村制宜,不断择优村级集体经济的发展项目,重点发展三产,提高二产,通过产业结构调整与转型升级,实现

村级集体经济的转型升级。

一是发展现代服务业和新兴产业。支持有条件"退二进三"的村,通过参与房地产开发、商业开发、旅游开发、宾馆酒店投资、小额贷款公司投资、入股外地银行等高端业态来发展村级集体经济。引导经济强村投资新能源、新材料等新兴产业。

二是发展物业经济。支持各村在集中居住区和商业贸易区发展商贸设施、菜场、三产经营用房等物业项目,在工业集中区发展招商引资中特定的、高收益的标准型厂房、仓储、公租房等项目。

三是发展资本经营。通过对村域范围内亏损或倒闭企业的厂房、土地等资产进行收购,对不符合产业发展方向的中小企业进行货币化安置,实施"优二进三"等方式,搞活集体资产产权交易,盘活存量集体资产,加强资本运作,提高集体经济载体建设水平。

3. 加强资产管理,促进村级集体经济健康发展

规范和完善村级"三资"管理。加强村级集体经济管理,建立健全市场化运作主体,提高集体资产保值增值能力。村级集体资产管理水平弱,是制约集体经济发展的重要因素。从某种意义上讲,管好并盘活存量资产,使其保值增值,比新增资产投入更为重要。对村级"三资"(资产、资源、资金)以及后续监管、考核要制定详细的管理制度,明确财务收支预决算管理、资金管理、收入管理、费用开支管理、会计档案管理、民主理财、审计监督等考核管理办法。对村集体经济组织各类新增经营性资产建设项目或其他重大投资决策,必须进行充分调研,对项目可行性进行科学评估,并按村级重大事项决策程序进行民主决策。各类经营协议、合同的签订必须合法、合规,并充分考虑市场的变化因素,努力实现效益的最大化,防止村级集体经济遭受损失。让村级"三资"管理规范化、透明化,真正让农民拥有知情权、参与权、决策权和监督权。

案例一 龙桥社区：从失地到实力的领跑者

龙桥社区是长桥街道第一批股份合作社试点社区之一，是第一个实施跨区域收购发展的社区，是第一个集体经济收入超3000万元的社区，有望成为长桥街道第一个集体经济收入上亿元的社区……

拥有多项"第一"荣誉的龙桥社区，作为长桥街道乃至吴中区集体经济的典型代表，通过创新集体经济发展机制，灵活运用资本运作模式，使各项发展指标连续多年以每年25%以上的速度增长，所取得的成绩令人瞩目，实现了从征地拆迁村到经济强村的完美嬗变。

一、概况

长桥街道龙桥社区位于吴中区中心城区，是苏州城南经济、文化、商贸的繁华地段，同时也是吴中区政府所在地。目前社区常住人口有8000多人，总户数为1568户，设36个村民小组。截至2011年年底，社区总资产达6.8亿元，净资产6亿元，经营性资产5.5亿元，集体经济稳定收入6200万元，农民人均纯收入2.2万元，比当期苏州市农民纯收入高出4700余元，同比分别增长40%、30%、42%、36%和35%。2012年年底，村级总资产达到7.37亿元，其中经营性资产6.24亿元，总收入7606万元，稳定收入7108万元。村级经济实力不断增强，农民收入水平逐年提高，村民幸福指数日益提升。

早在2003年11月，在苏州城市化进程不断推进、村并社区成为一种重要的发展模式的情况下，原龙桥村、长桥村、月浜村、长渔村、龙桥老街居委会合并成立新的龙桥社区。当时合并后的龙桥社区，土地全部被征用，农民成为失地农民，遇到了失地早、资源少、后劲不足、增长乏力的发展瓶颈。如何在资源受阻的形势下实现社区经济的可持续发展，又如何保障农民的切身利益并不断提高他们的生活水平，成了龙桥社区两委领导班子心上的头等大事。

"只要精神不滑坡,办法总比困难多。"在上级党委和政府的正确领导下,龙桥社区积极应对城区拆迁带来的新挑战,抓住城市建设带来的新机遇,在对整个社区进行充分调研之后,结合当前国家经济结构调整的整体趋势,两委领导班子达成共识,那就是临近中心城区的区位优势仍是龙桥下一步发展的"资本",关键在于如何用活这些"资本",发挥其最大作用。由此,两委班子明确了"退二进三"、"腾笼换鸟"、资产收购等发展思路,并制定了社区股份合作社资产收购、改建、租赁"三步走"的发展战略。通过搞活拆迁补偿资金运作模式,实现"以钱生钱"和"资产增值",创造了集体经济壮大和农民增收的双赢局面。

二、主要做法

失地并不可怕,关键是不能失去信心。龙桥社区两委班子克服资源匮乏、资金短缺、各类矛盾突出的重重困难,通过"盘活资产、资本运作、加推项目、股份合作、异地收购"等一系列创新举措,实现了社区集体经济的稳步增长。

1. 务实创新,深化股份合作

2003年,当时的龙桥村便成为长桥街道四个试点村之一,率先成立了股份合作社。当时,享有股份的农户为455户,享有股份的总人数为841人,村级总资产15675万元,村级净资产10288万元,总股本金1538万元,每股金额5万元,合作社总收入1284万元,可分配收益984万元,每股分红300元。截至目前,社区设有龙桥、长桥、月浜、长渔、龙桥物业五个股份合作社,集体资产折股量化取得股份的股民2898人,股份2478份,量化的资产为2.2亿元。由于合并之前村经济发展不平衡,人口数量、集体收入、集体资产差异较大,针对这种情况,龙桥社区务实创新,深化资本股份合作,寻求富民强村的新机制。

一是统一股份合作社管理口径。村两委通过统一发展规划,统一资金调度,整合社区资源,为股民资本寻找更好的出路,努力实现资源和资金的效益最大化。通过管理水平的规范化和科学化,集体经济收入水平不断提高,股红收益也不断提高,已经由最初的每股240元增加到了现在的每股800元。

二是创立社区物业股份合作社。要让失地农民的闲散资金得到充分利用,从而增加居民收入,让他们得到更多的实惠。龙桥社区以做强集体资产、增加居民收入为原则,2006年成立龙桥物业股份合作社,在原股民中推行增资扩股,以1万元为1股,扩股2038股,仅此一项,全年增加股民股红收益244.56万元。

三是扩股增红发展成果惠民生。2009年成立的龙桥社区股份合作社采取居民共有、自我管理、共同得益的管理体制和运行机制,资产增值较快,资产收益率较高,扣除各项管理成本和财务成本外,社区每年仍有较多盈余,2010年可量化集体资产27893万元。此种情况下,社区针对原"征土工"实施增资扩股,同时将股红利率由原来的8%提高到12%,将资本经营的增值成果惠及社民。

2. 审时度势,寻求投资新宠

一是"退二进三",提升资本投资空间。自2004年开始实行"退二进三"的产业结构调整后,龙桥社区2005年投资3000多万元建造了建筑面积达2万平方米的苏州广慈肿瘤医院,并于2007年开业运行;2006年投资9000多万元建造建筑面积达35000多平方米的东吴水韵假日酒店,酒店于2008年底交付使用。仅这两项载体建设项目,每年即为社区增加1400多万元租金收入。到2008年,社区总资产已达3亿元,社区集体总收入达3000万元;至2011年年底,社区集体总资产已高达6.8亿元,集体经济稳定收入6200万元,始终走在吴中区村级集体经济的前列。

二是"抱团发展",提高资本投资规模。经过自主发展和整合发展以后,为迎合市场化、规模化、效率化的需要,龙桥社区进入了抱团发展阶段。2011年5月,龙桥社区出资1000万元,与长桥街道资产公司和其他六个社区共同出资1亿元组建了长桥集团有限公司。按照集聚优质资源、实现多元化、跨区域、可持续发展的原则,积极实施收购、拍卖优质资产和资源,不断增强自我积累、自我发展的能力,进一步做强本社区的集体经济收入。目前,长桥集团已开工建设的包括农贸市场、商务大厦、集宿综合楼等三个大型物业项目,总投资4.5亿元,预期投资年收益率超过12%,按资分红可得到120万元的投资收益。

三是抓住机遇,搭载资本项目载体。项目载体始终是社区集体经济发展的重要支撑,龙桥抓住城市化发展机遇,寻找优质项目与载体,加快项目建设。(1)适时收购一批新项目,对达成意向的浦庄2万平方米工业厂房加快办理产权过户手续。综合利用社区集体资产拆迁补偿资金,吸纳社区股民闲散资金,向银行短期融资,把握时机,适时抄底,积极在周边地区收购具有较强区位优势、较好投资前景、较高附加值的优质资产。(2)规划建设一批新载体。如拆除广慈肿瘤医院北侧4000平方米的集体工业厂房,为广慈医院定向建设3万平方米的住院大楼,提高其利用率和单位面积产出率。另外,对接当地发展规划和政策,拟在收购的三威公司30亩未升发工业土地上再建造3万平方米的工业厂房。(3)调整引进一批新物业。加大招商引资力度,通过对原来一些项目小、收益低的资产实行"退二进三"、"腾笼换鸟"、装修改建,重点引进体量大、档次高的品牌企业,重点引进总部型、税收型的精品项目,提高资产收益,提升社区品牌。

3. 抢抓机遇,发掘优质资源

为了多措并举解决社区面临的资源瓶颈,龙桥社区更是凭借"勇做第一、永不服输"的拼搏精神,大胆创新,超前规划,率先迈出资本跨区域运作发展的步伐,并在挖掘有限资源的潜力方面大做文章。

一是创新思路,大胆探索,寻找发展良机。龙桥社区紧紧把握住中心城区城市现代化建设的契机,用近2亿元的拆迁补偿资金进行资本运作,重点在蠡墅片区、开发区等周边地区寻找发展良机,适时出手。近年来,龙桥社区已投资4.5亿元,用以加快收购步伐、做大集体经营性资产。其中,先后自筹1.8亿元收购了可祺鞋业、乾康大酒店、南开大酒店、三威集团等优质资产,合计土地面积143亩,建筑面积7.2万平方米。通过这一模式,龙桥不仅突破了以往仅局限于城区发展的禁锢,还改变了以往"退二进三"建设高层楼宇的单一模式,解决了新建项目建设周期长、资金积压久的弊端,储备了一批优质资源,增强了龙桥社区集体经济的发展潜力。

二是科学规划,灵活运作,扩大收益效应。为充分发挥优质资源在推动集体经济发展方面的规模效应,龙桥社区根据项目特点,运用科学规划与招商选资"两驾马车"引领,并通过重组、改建等方式来进行资产运作。比如,吴中西路乾康大酒店东侧的3600平方米三产用房,在重新租赁时,优中选优,引入了工商银行、民生银行,从而使租金由原来的每年80万元提高到了180万元;东吴北路的原南开大酒店项目,经过整修后,整体租赁给香雪海饭店经营,由此为社区增加租金收入250万元;原苏蠡路与吴中大道交叉口的可祺鞋业地块,由社区再投资1亿元,按照现代化大卖场的标准,开发建设为3.6万平方米的香雪海购物广场,预计年销售额在1.5亿元以上,年租金收入达1100万元;而位于迎春路的东吴大酒店项目,装修已基本完成,近期将开始营业。上述项目的建成营运,有效提升了社区资源的附加值,不仅每年为社区带来近3000万元的稳定收入,还为地方带来了可观的税收收入。

4. 惠民利民,加快富民步伐

发展集体经济,把发展成果反哺给社区居民,既是实现强村富民的出发点,同时也是落脚点。近年来,在推进新农村建设和村级集体资产壮大的进程中,龙桥社区始终坚持"以人为本、服务群众"的理念,始终把"三个代表"重要思想和科学发展观作为社区工作的指导,以促进农民增收为主线,以各类服务组织为载体,着力提升社区居民的幸福感和满意度,先后获得了"吴中区新农村建设示范村""苏州市先进村""先锋社区""江苏省卫生村""十佳农村新型合作经济组织""先进基层党组织"等荣誉称号。

2008年社区居民人均纯收入就达15632元,其中来自资产股份合作社和物业股份合作社的资产性和投资性收入为3000万元。2011年上半年,启动针对社区原"征土工"的增资扩股工作,受到社区居民的积极响应和好评,每人每股2万元,共有2150名符合条件的居民投资入股,参股率达95%以上,筹集股本4100万元。2009年,社区将对原来放弃入股的居民继续给予待遇允许入股,同时,通过选择升值潜力大、投资回报高的优质项目,对现有股民增资扩股到每人每股5万元。此外,社区将根据资产收益情况,在原来12%的年收益率的基础上再适当提高分红比例,力争在"十二五"末,居民股红收入户均超2万元。

三、经验启示

1. 要发展资本运作型集体经济,必须创新发展方式

要想通过资本运作实现社区集体经济的持续发展,就必须将创新资本投资理念、转变经济发展方式作为社区经济发展的不竭动力。龙桥社区通过加强合作,推进抱团发展,利用上级扶持集体经济发展的政策,扩大了资本的投资渠道,降低了资本运作的风险,参与了长桥集团公司对蠡墅片区瑞红地块、澄湖路南侧地块的开发建设,做好股东,当好参谋。通过拓宽渠道推进市场运作。按照多元化发展、市场化运作、规范化管理的原则,联合不同的集体经济组织,积极参与优质的风投、创投项目,适时参股规模较大、潜力较好、风险较低的实体项目,使资本运作更趋成熟,使股民享受更多的股本收益。

2. 要发展资本运作型集体经济,必须争取政策支持

集体经济是名副其实的草根经济,无论是在经济规模、经营理念方面,还是在人才品牌、资源要素等方面,集体经济都处于某种天然的弱势状态。集体经济要发展,离不开资金、资源、税收等各项扶持政策的助推。长桥街道专门出台了《长桥街道关于加快集体经济发展实施的意见》,统筹配置各类要素,实施"退二进三""腾笼换鸟""异地收购",优先扶持由农民入股的各类合作社。2011年,街道先后出台了《关于规范农户入股及入股款管理的指导性意见》和《长桥街道吸纳农户入股实施方案》等规范性办法,规范资本运作的途径和收益分配。从市、区到街道一系列配套政策的支持为通过资本运作发展村级集体经济提供了明确的方向和发展思路,而且降低了经营店的潜在风险。

3. 要发展资本运作型村级集体经济,必须结合本地实际

通过资本运作发展村级集体经济的情况主要有两种:一种是本村集体经济非常发达,依靠自身的原始积累,有了比较充足的资金,需要寻求新的投资出路;另外一种情况就是在城市化进程中,农民的土地全部被征用,农民失去了赖以生存的土地资源,但是获得了大笔的补偿金,通过运用这笔资金实现"以钱生钱"和"资本增值"。龙桥社区地处吴中区经济政治中心,具有先天的发展物业经济、楼宇经济和租赁经济的优势,通过灵活投资实现了村级集体收入和农民收入水平的双提高。龙桥社区的经验并不是放之四海而皆准的真理,在借鉴龙桥经验的时候,必须充分考虑本地的实际情况,解放思想,创新举措。

四、存在的问题和发展思路

龙桥社区集体经济的发展虽取得了长足的进步,但随着城市化进程的不断推进,社区集体经济发展的瓶颈日益凸显,制约因素日益增多,主要表现在以下几个方面。

一是社区收购的成本过大。新建项目办证、报建的手续费用较大。对于社区利用拆迁资金向外收购的项目,社区只能拿到原有资产的拆迁补偿款,而且要交部分的房产交易费用,总成本增加10%左右。

二是"退二进三"政策制约凸显。目前,政府不鼓励实施"退二进三",这样,龙桥社区通过利用区位优势实施"退二进三"增加集体收入、实现股民增收的较多项目无法申报实施,这给社区失地农民和居民的增收养老带来诸多问题。

三是城区发展留存空间不断萎缩。随着大量资产的不断拆迁,社区只能够拿到拆迁补偿款,上级政府留存的发展用地不断萎缩,造成资本投资的空间缩小。

投资成本增加、政府政策制约、发展空间萎缩成为龙桥社区村级集体经济持续增收的重大障碍,未来村级两委仍然必须进一步深化改革,创新体制机制,开阔发展视野,在继续走抱团发展、异地发展的基础上,拓展抱团和异地领域,跨区、跨市乃至跨省合作,解决土地不足问题;同时,要继续推进资本市场化,实行政社分开,提高管理水平,争取上级政府和主管部门的税收等政策支持,做优做强集体经济,进而提高农民收入水平。

【思考题】

1. 你认为龙桥社区通过资本运作发展集体经济的做法有什么优缺点?为什么?

2. 龙桥社区通过资本运作发展集体经济的做法是否适合当地的实际情况?为什么?

案例二　上林村：土地资本化引领集体经济新跨越

曾经年产几百元的一亩地一跃成为年产出近上万元的良田，看似令人难以置信的奇迹如今就发生在苏州市吴中区横泾街道的上林村。在上林村，以往一亩地如果按照种一季小麦、一季水稻的收成来计算收入，刨除人工、化肥等成本后，农民所剩不多。如今，同样一亩地，一年可以为农民带来数千甚至上万元收入。然而，农民收入的增加，并非来自农作物本身的增收，而是得益于土地本身的资本化，以及土地的有效流转。以农业为主导的上林村，就是凭借土地资源的资本化实现了村级集体经济的新跨越。

一、概况

上林村位于横泾街道东南部、东太湖之滨，2003年12月由原上泽、新安、新光三个村合并而成，目前村辖区总面积6.7平方千米，有14个自然村，29个村民小组，拥有总户数1059户，人口4380人，劳动力2700多人，其中九成以上的劳动力从事二、三产业。作为一个涉农村落，上林村发展工业的基础相对比较薄弱，只有在土地上做文章。上林村创新土地经营模式，通过土地资源资本化，把流转过来资本化的土地组成专业的土地合作社，并领取营业执照，成为一个独立的法人主体，市场化运作、规模化经营、创新化发展，使农村集体经济不断壮大，农民收入水平不断提高。

二、发展历程

上林村全村共有耕地面积3000多亩，人均耕地仅0.65亩，长期以来以种植传统的粮油作物为主，重点解决农民的生活口粮，解决温饱问题，村民根本谈不上生活富裕。上林村67岁的席双全老人就是一个典型的写照。作为土生土长的上林村人，在实行家庭联产承包责任制之后,席双全家里分到了3.8亩地,在这片土地上,一亩地最多时的收入也只有200元,三亩多地的收入加起来从来没有超过千元。到20世纪90年代后期,随着城市化的推进和工业经济的兴起,老席开始进企业打工,种地反而成了一种副业,同时这种情况成为上林村的普遍现象。此种情况下,农业成为兼业产业,并由此带来农业投入不足、基础设施老化、经济效益下滑等问题,造成土地资源的严重浪费。

上林村实行土地流转和资本化后,2010年,土地股份合作社每亩土地的分红就达到800元,而且土地的分红只是村民收入来源的一部分。2010年上林村物业股份合作社也向每位入股的村民派送了10%的收益回报。成立合作社之前,上林村每亩农地年收益仅在250元左右。成立合作社当年,农户每亩分红即达到600元,2008年增加到660元,2009年为720元,2010年增加到800元,来自于土地股份合作社的户均分红超2500元。此外,如果村民同时参加上林村劳务股份合作社,还将获得另一笔稳定的工资收入——男性每天50元,女性每天45元,农民的收入水平有了大幅提升。从此,合作社经济成为上林村主要的集体经济收入来源,同时也是提高农民收入水平的重要保障。

三、主要做法

1. 整合资源,组建专业合作社

2006年年初,上林村自发组建了上林村土地股份合作社,并成为全国首家获得工商营业执照的土地股份合作社。目前,全村农户分散经营的3000多亩农田,加上少量的集体机动田,已全部入股,实行统一管理、统一经营、统一分红,每年分红的金额也从最初每亩600元上涨到2011年的每亩800元。上林村建立土地股份合作社,实现土地资源的资本化有着规范的操作程序。

一是设立筹备小组。由村干部、村民代表、老党员代表组成土地合作社筹备委员会,自愿承担签订土地入股协议、起草土地股份合作社章程、推荐社员代表等一系列工作,使筹建工作具备了群众性基础、规范化流程,以保证筹备工作有条不紊地进行。

二是土地入股确权。117户农户自愿入股土地229.7亩,加上村集体机动田 10.3 亩,共计 240 亩,在吴中区委农办和工商行政管理部门等的指导和帮助下,以入股土地承包经营权作价,经测算后核定为每亩 5000 元,由会计师事务所验资,确认注册资本 120 万元,并进行工商注册登记,确定法人地位,实行合法经营。

三是召开成立大会。每 5 户入股农户推荐 1 名社员代表,共推选产生 24 名社员代表,然后召开社员代表大会,讨论通过土地股份合作社章程,选举产生董事会、监事会的组织机构,上林村土地股份合作社宣告正式成立,并由工商行政管理部门颁发土地股份合作社工商营业执照。

土地股份合作社成立之后,上林村又成立了物业股份合作社,通过在集体建设用地上建造标准厂房对外出租赚取租金,村民可以自愿选择入股,每年获得一定分红。物业股份合作社第一期项目共有 105 户农户入股,投入 390 万元,建造标准厂房 7200 平方米。这些厂房如今均已出租,每月每平方米的租金为 10～12 元,2011 年为股东带来 10%的收益。由此解放出来的劳动力,大都选择了外出打工,还有少部分人自主创业,但是,对于年纪较大或文化程度较低、一辈子以种田为生的农民来说,"失去"土地也就等于失去谋生的机会,仅仅依靠土地分红,事实上难以维持生计。为此,2009 年上林村又成立了劳务股份合作社,雇用本地农民回到统一经营的农地耕作,既解决了富余劳动力的就业问题,也让这部分农民获得了稳定的工资收入。目前上林村全村 4000 多人中,已有 1200 多人通过劳务股份合作社解决了就业问题。

2. 筑巢引凤,搭建合作平台

上林村土地股份合作社成立后,农民的身份发生了变化,由原来的自然人摇身变成了企业股东。由于领取了营业执照,上林村的土地股份合作社实质上已经是一家公司性质的企业,所以他们面对的是如何让企业获得更多利益,实现利润的最大化,从而让股东也就是入股农民分得更多红利等现实问题。股东们自己不想种田,又没有好办法在田里种出金元宝来,于是就聘请外面的能人来当"经理人",经营这些资产。

苏州古城东面原是传统产业水生蔬菜藕、菱、水芹、芡实、茨菰、茭白、荸荠、莼菜"水八仙(鲜)"的种植基地,由于中新合作苏州工业园区的开发,原来的水田按照规划被征用,许多身怀种植绝技的农民失去了用武之地,"水八仙"也没了种植之地。于是上林村决定异地寻找种植"水八仙"的新基地。合作社董事长胡雪元、村总支书记席月心等找到了苏州工业园区车坊镇的张林元,这位老党员从小就种"水八仙",经验丰富,还有扬州大学农学院、苏州市蔬菜研究所的专家做技术后盾,他愿意以每年每亩 600 元的承包金,经营上林土地合作社的土地,并且先付后种。社员(股东)大会研究后决定,请老张来上林村种这些田。村民将土地承包经营权交给别人经营,他们无法预测其中的风险和收益,所以必须首先让他们拿到承包金,这体现了农民的地租收入不应该承担风险这一原则。

张林元首先将土地进行平整,小块的、不完整的田成了大田,还进行了其他基础设施建设。他在这里建立起了"水八仙"种植基地,现在已种了早白荷、常熟白芹、苏州黄茨菰、苏州水红菱、苏州蜡台茭、莼菜、蒲菜、水蕹菜等数以百计的水生蔬菜品种。他来上林村当然要赚钱,对自己收回成本并且盈利充满信心。现在讲究自主知识产权,种田也要讲创新,张林元正着手培育新的荷花。看到这家合作社种水生蔬菜种得红红火火,其余村民小组的农户纷纷要求加入合作社。

3. 探索机制,三大合作共进

上林村这套土地资本化的制度设计,从本质上来讲,土地股份合作社是基础,连同物业股份合作社、劳务股份合作社,分别把土地、资本和劳动力三要素留在了农村内部,并将它们变成工业化和城镇化的发展资源,上林村村民则在资源资本化发展的进程中享受到了增值收益。上林村的这种土地利用的方式,已经发生了根本的变化:由 20 世纪 80 年代发展乡镇企业时的"占地"模式、90 年代兴建开发区时的"圈地"模式,向"换地"的新型土地流转、土地置换模式演进。上林村这种新的"换地"模式以土地资本化为基础,农民首先将自己的土地入股土地股份合作社,土地股份合作社则一方面将农用地出租给农业企业,另一方面通过土地整理,获得增量建设用地。然后,农民以资金入股置业股份合作社(即物业股份合作社,又称"富民股份合作社"),在增量建设用地上建造厂房,出租给工商企业,获得租金回报。最后,再通过成立劳务股份合作社,将劳力安置给农业企业,解决"失地"剩余劳动力的就业以及收入问题。这一套土地流转模式,不以劳动力转移为前提,即可实现农业规模经营,同时还能促进土地增量与增值。

4. 创新思路,提高土地效益

合作社成立了3个农业示范基地:水生蔬菜基地、生态草鸡养殖基地和龙虾养殖基地。为了更好地推出本村的农产品,合作社为本村生产的农副产品注册了商标"桑林"牌,"桑林"牌农产品已获得省、市名牌农产品和无公害农产品的认证和认可。上林村现盛产鱼、虾、大闸蟹、草鸡、桑果、水生蔬菜等14个农副产品,而富硒大米、水生蔬菜、生态草鸡、太湖大闸蟹已打入国际市场,实行自产自销。合作社根据全村土地资源开发出5个功能区域,即绿色蔬菜区、生态瓜果区、农业观光区、水产养殖区、休闲居住区。合作社利用丰富的土地资源和农业基础条件较好的优势,使村级经济效益和社会效益在近年内实现了跨越式的发展。

四、启示

苏州市吴中区横泾街道上林村地处农业规划区、生态保护区等农业发展潜力较大的地方。在苏州城乡一体化的改革实践中,这些农业先导地区由于远离城镇化的辐射,工业基础比较薄弱,不适用城乡融合模式和工业先导模式。但是,由于农业基础较好,现代农业和特色农业发展也初具规模。在集体经济的发展过程中,这种通过土地资本化,提高土地经营收益来实现集体收入和农民生活水平的提升的最原始的资本化发展方式也给我们带来了诸多启示。

1. 必须构建权责分明的产权关系

土地资本化的前提是在必须保证土地所有权不变的基础上,将农民的土地承包权和经营权通过一定的量化方式置换成土地股份合作社的股权,土地股份合作社享有经营权,进行统一管理,按照农业生产的需要集中规划布局,通过对外租赁或发包等有偿方式将入股的土地交由种田大户、农业龙头企业经营,提高土地资本增值。重新构建的所有权、承包权和经营权的结构关系,有效地引导农民将分散的土地集中起来以发展适度规模经营,村集体、农户、合作社的权力义务得以重新界定,形成了较为稳定的组织结构,为土地资本化后股份合作社的稳定运行、农民增收、农业增效打下了坚实的基础。

2. 必须确定土地资本化股权设置原则

上林村土地股份合作社的土地量化折股方式充分体现了自愿和民主原则,由参股农户自行协商确定,将前三年每亩平均产值(250元)乘以土地承包经营权证上的剩余年限(20年),确定以每亩土地5000元的标准作价入股。入股土地240亩,总作价120万元。在股权形式设置上,合作社股权设置了集体股、个人股两种,其中,村集体以机动地入股10.3亩,作价5.15万元,占注册资本的4.3%,是该合作社的最大股东;农户土地入229.7亩,作价114.85万元,占合作社注册资本的95.7%。土地股份合作社的经营收益按照股份份额分配,股权设置原则明确,股份划分明晰。

3. 必须保证土地资本化后的农民受益

确保农民受益是土地资本化的出发点,也是落脚点。以土地承包经营权为依据,土地一般不作价,由农户自愿将土地承包经营权入股,组建土地股份合作社,所得收入按入股土地份额进行分配,享受每亩逐年递增的保底分红。经营效益好的合作组织,将保底分红与二次盈余分配相结合,并保证入股的农户在合作社享有优先打工权,获取每天不少于30元的劳务收入。目前苏州市共组建农村土地股份合作社712家,入社农户34.2万,分别占全市农民合作组织和各类入社农户的19.8%和27.6%,入股土地面积达111.4万亩,80%的承包耕地实现规模经营。

五、存在的问题及发展思路

作为首家取得工商营业执照的农民专业合作社,土地资本化取得了较大成就,可以看作是和1978年的土地分田到户相并列的土地经营模式的重大变革,具有划时代的意义,但是未来发展也存在着一些问题,主要体现在以下几个方面。

一是股权封闭性强,出资方式单一。土地资源量化入股后,合作社员退社或者终止社员资格前不允许以任何方式进行流转。社员的土地承包经营权也不得抵押和为他人提供担保或买卖,由此导致流动性不足。此外,不论是农户还是村经济合作社,均把土地作为唯一的出资方式,这导致了资金、技术、人力资本等生产要素无法进入合作社,极大地限制了合作社的发展规模及融资渠道,使合作社难以向更强、更大的方向发展。

二是经营模式名为入股,实为租赁。从当前我国各地进行的土地资本化后的经营模式来看,主要有两种典型的经营模式,即自主经营和委托经营模式。上林土地股份合作社主要采用的是委托经营模式,即农民把土地承包经营权"入股"流转到合作社,合作社进行统一规划和整理后再流转给专业种养大户集中经营或委托给农民专业合作社、农业龙头企业等。农民专业合作社其实仅仅处于一个流转中介的地位,本身不从事生产经营活动。在这种经营模式下,有可能导致土地资源的非粮化甚至非农化趋势。

基于股权的封闭性,上林村未来要通过资金、技术等方式增扩股,逐步打破股权封闭性。当合作社壮大成熟以后,可逐步放开股权交易市场,允许合作社部分股权转让、抵押或者买卖,只有这样,才能使股东的"虚权"成为真正的"实权",维护股东权益。在经营模式上,上林村需不断探索和实践,可以借鉴太仓市东林劳务合作农场的运作模式,从委托承包经营转换为村集体经营,并实行"政社分开",从根本上保障村集体和村民收入增长的长效机制,而不是使村集体仅仅处于一个流转中介的地位。

【思考题】

1. 上林村土地资本化的主要运作模式和经营机制是什么?
2. 上林村土地资本化有哪些优缺点?是否值得本村发展借鉴?为什么?

案例三 友联社区：楼宇经济开启富民强村新征程

随着城市规划步伐的加快,友新街道友联村被纳入统征拆迁和重大项目规划范围。拆迁后,社区集体经济发展便成为社区两委的头等要事,如何持续保持居民经济收入的增加、就业渠道的拓展,怎样提高失地农民生活水平等一连串的问题摆在社区两委的面前。友联社区通过创新发展机制,转变发展思路,抓住城市化机遇,积极融入现代服务业大潮,改变以往发展标准厂房和商业用房出租的单一模式,抱团投资,打造现代都市楼宇经济。通过近两年的不断努力,友联社区走出了一条以盘活资产经营为主的新型集体经济发展之路,开启了富民强村的新征程。

一、概述

友联社区村域面积1.5平方千米,下辖11个居民小组,常住人口3100余人。2004年以后,随着沧浪新城的快速崛起,友联村面临的最大问题是拆迁。拆迁后,农民获得了一大笔补偿款,手里有了钱,是全部分掉还是投资经营?村领导不得不面对这一棘手问题。当时,就有一部分村民一直来村里反映,要求把钱分到每位村民手上。也就是在这段时间,不时传来有村民因为拆迁拿到了钱,被人骗去赌博,结果被骗去了数十万元这样的事。后来发展的事实证明,把钱放在一起,最起码能有个保障。最终,村里还是听从了大多数人的意见,抱团经营。社区在此情况下,积极探索新方法,开拓渠道,稳定社区建设和发展。2011年,社区本级收入1325万元,用于村民福利及股金分红500万元,股金分红比上年增长10%。

二、发展历程

1. 租金收入阶段

其实,在并村之前,友联社区只不过是苏州城西南一角的一个小村庄,辖区内分布着大大小小28个自然村,房屋租金收入成为当时村里的主要来源。从那个时候开始,村里就相继建成了一些大小不等的房产,主要用于出租,收取租金。到2007年的时候,村级集体收入达到了七八百万元,其中绝大部分来源于房产出租。村级集体收入增加了,于是,村级基本公共服务等基础设施的维护、维修和保养,贫困居民的补助等项目的资金都从这部分资金里面支出。然而,村级支出更大的一块则是用于工作人员的"人头费"。当时,仅工作人员就有一二百人,得拿工资,因此进一步做大做强村级集体经济成为一项重要而紧迫的任务。

2. 股金收入阶段

从2007年起,友联村就筹备成立了股份合作社,根据现有的5400多位村民,分为近70000股。最近几年,友联村(社区)股份合作社的股息分红均以每年10%的速度增长。2010年,每股的股息达到了40元。如果一家村民持有150股的话,他们一年就可以分到6000元。在成立股份合作社以前,村民们是没有分红的。因此,很多村民都说,这就像是"天上掉下来一笔钱"。股金收入开始成为村民收入的重要来源。

3. 物业收入阶段

截至2010年8月,友联村农村集体经济组织依托集体资产收益的载体几乎全部拆迁完毕,由此导致了原来依靠种菜和房租取得收入的原村民减少了一笔持续的收入。同样,整个友新街道的农村集体经济组织的物业收入也从原来的2000多万,逐步减少到年收入不足1000万元。虽然集体经济组织在城市化进程中得到了集体、物业拆迁的补偿款,但如果没有健全的保值增值机制作后盾,仅靠吃老本是持续不了几年的。农村股份合作社作为市政府倡导的持股进城机制,可能会因为缺乏收入支撑而面临夭折的危险;同时,已经享受到农村集体经济收益分红的股民,面对未来几年股份合作社名存实亡的状况,可能会引发新一轮利益诉求的矛盾。所以,建立一个持续的增收机制对友联社区来讲十分必要,通过抱团发展、楼宇经济等模式提高物业收入水平,友联村实现了集体经济收入和农民收入的双增长。

三、主要做法

1. 加强机制创新,走联合发展之路

2006年7月,原地处城郊的友新街道双桥村社区股份合作社作为沧浪区的试点,拉开了全区农村股份合作制改革的序幕。2007年9月,在友新街道党工委的扶持下,双桥、友联、新郭、三元、三香和盘南六个社区股份合作社陆续成立。六个社区股份合作社抱团后,共量化集体资产2.01亿元,总计17000余人由农民变成了手持股份的合作社社员。到2008年10月,一年多的时间,沧浪区友新街道六个社区股份合作社抱团成立后的总资产已达到5.32亿。到2010年,仅仅三年时间,这六个社区股份合作社已交上了一份让很多股民满意的成绩单:总资产增加到了9.12亿,而且村民每年的股息分红的增长率都达到了10%。这里的村民们全部开始了"持股进城、按股分红"的新生活。

友联社区同友新街道其他五个村股份合作社自抱团成立以后,便开始了高端商务楼的投资。截至目前,友新街道的村级资产共投资了四幢楼宇,预计每年经营收入可达3000万元。其中,投资1000万元的三香村委会综合大楼,年租金达120万元以上;投资1亿元的双桥社区综合大楼,已于2012年年底签订出租意向,预计年租金地600万左右;投资1亿元建造的新郭创业中心,预计年租金可达840万元;投资3.2亿元建造的桐泾商务广场,2012年年底已出售公寓11000平方米,写字楼8500平方米,已到账资金10440万元;保留商铺用于出租预计年租金可达1300万元。

投资商务楼宇,让抱团联合发展的友新街道村级资产搭上了现代服务业的经济航母,更让17000多名失地农民尝到了分红年年涨的甜头。据统计,六个社区股份合作社2007年至2009年实现村级收入8622万元,自成立以来至2009年股份分红总计2234万元,得益股民数17208人,分红实现年均10%的递增。2008年10月,六个行政村村民委员会更是联合出资成立了苏州友新资产投资管理有限公司,正式开始走上了联合发展之路。

2. 加强思路创新，寻资本增值新径

友联村大规模拆迁后，失地农民获得大笔的补偿款，村里的资金越来越多。最多的一次，全村一下子就拿到拆迁补偿款5000多万。如果把这么多钱放在银行里吃利息，肯定是不现实的，村民们也不会同意。运用资本投资，寻找合适的项目载体，把手中的资金变活变多，不断探索资本增值新途径才是壮大集体资产的正确出路。最近几年，友联社区相继参股投资了友联社区大厦、友联假日酒店、桐泾商务广场等，而且每个参股项目都非常成功。当初，友联村成立股份合作社的时候，净资产为1.13亿，而现在的净资产为3个亿，总资产更是达到了5个亿。以投资桐泾商务广场为例，投资3.5亿元建造的桐泾商务广场，建筑面积达68510平方米，其中作为商业用房的19050平方米已于2009年5月签订出租合同，年租金前三年分别为770万元、800万元、850万元，以后每三年增长8%；会所490平方米、公寓13300平方米、写字楼8500平方米用于出售，预计可回收资金1.6亿元，预计可创利润5000万元，到2012年年底为止已出售公寓11000平方米，写字楼8500平方米，已到账资金10440万元。友联村以物业出租收入为主要手段来增加农村集体经济总量并用于各股份合作社的股金分红，使村民真正享受到了发展社区股份合作经济和城市化进程带来的收益。

如果当初友联村把迁拆得来的补偿款分掉，每个村民差不多只能分到一两万元。现在，村民年年分红，即使把资产分掉，每个人也能有五六万元，比原先多出不少。近三年来，友联村大力发展楼宇经济的实践，确确实实地证明了"前景光明"这一判断。

3. 加强管理创新，实现股份制运转

友联村成立股份合作制以前，村里的钱如何使用，村领导说了算，起决定作用的是村书记。但是，成立股份合作制后，情况完全不一样了。当时的28个自然村都推举了股民代表，每年召开两次股民代表大会。股民代表直接参与股份合作社的管理。与此同时，村级集体经济的所有账目全部公开，收入多少一目了然，如何分红也都由股民代表说了算。

钱多了，是好事，也容易引来坏事；如果分配不公，更有可能引发村

民与村民之间、村民与村集体之间的矛盾。目前,友联社区已将管理股份制制度化,同友新街道现有的六个股份合作社一样,都采取同样的管理办法:凡是有关合作社的重大事务、股民关注的热点、难点问题,在提交股东大会讨论前,须经过党组织商量;召开党员座谈会,由党员向股民宣传,通过党员集中走访,收集民意,征求意见,再由党员通过口头或者书面形式向股份合作社提交意见和建议,切实落实每位股民的知情权、参与权和监督权。实施股份合作制,让全体村民都能拥有股份,改变了以往只有村工作人员等才能享受到分配的情况。而党领导下的股份合作制"四会"(座谈会、董事会、监事会和股民代表会)制度,使决策比以往更民主,运营与管理更公开,更解决了分配不公的问题。而从长远来说,它还能创造稳定增长的房产与物业收入,可以有效促进村级资产的保值增值,直接让股民的收益实现可持续增长,还能够为现代服务业的发展提供载体,加速城区的转型升级,繁荣区域经济,从而间接提升失地农民的民生保障。

4. 加强监督创新,促进保值增值

2007年3月,友新街道成立了农村集体资产经营管理服务中心,六个村的村会计集中办公。服务中心实行集中核算、制度监督、定期公开,严格遵循"六不变""五统一"原则。"六不变"即村级集体资产所有权不变,村级集体资金所有权、使用权不变,以村为单位的基本核算体制不变,财务审批权不变,财务监督民主理财机制不变,财务业务主管部门不变。"五统一"即统一审核、统一记账、统一公开、统一审计、统一建档。友新街道农村集体资产经营管理服务中心通过对村级财务实施集中核算,提高了村级财务管理水平,规范了财务管理,压缩了非经营性开支,促进了农村基层干部的廉政建设,提高了村级资金收支状况的透明度;通过对村级集体资产的增减变动,增加了租赁收入,使资产得到保值增值;通过对街道六个村社员的集中管理和劳动人事管理,规范了招聘、解聘等用人制度,完善了日常考核制度,及时掌握了人员变动情况,保证了人员开支的合理性和准确性。

四、启示

在城区农村发展楼宇经济既符合城市发展总体规划,也是解决农村集体经济资金出路的最有效的路径。首先,这从根本上解决了农村集体经济分配不公的管理体制。其次,稳定增长的物业收入可以有效促进村级资产的保值增值,直接让股民的收益实现可持续的增长。第三,能够为现代服务业的发展提供载体,加速城区的转型升级,繁荣区域经济,从而间接提升失地农民的民生保障。友新街道友联社区通过资本运作发展楼宇经济的做法给我们带来诸多启示。

1. 发展楼宇经济要适合本村的实际情况

友联社区通过发展楼宇经济增加集体资产和农民收入是由其特定的历史条件决定的。友联社区地处苏州老城区,属于城中村的范畴,在推进城乡一体化的过程中,大量的土地被征用,涉农社区却失去了发展农业的先天条件。但是,征地拆迁获得了大量的补偿资金。友联社区充分利用城市化进程的历史机遇,大力发展楼宇经济,既为手中资本寻找到合适的投资载体,又为资本的保值增值奠定了良好的条件。所以,友联社区的楼宇经济发展模式与其自身的本质条件和外部环境有着密切的关系,并不是每个村都适用这种发展模式,而是要从当地的实际情况出发,采取相应的发展政策。

2. 发展楼宇经济要创新资产管理模式

集体资产管理模式的创新,不仅可以带来较好的经济效益,而且可以促进经济一体化发展。友联社区通过成立社区股份合作社,运用集体资产开发商务楼宇、发展楼宇经济,同时配套发展相应的物业管理服务,培育起了新的经济增长点,直接带来了可观的经济收入,既实现了集体资产的保值和增值,也实现了持股农民收益的持续增长。成立社区股份合作社,也改变了传统各社区之间单打独斗、产业同构、相互竞争的局面,发挥集体优势,联合街道各社区的力量,综合集体资源,增强了经济竞争力和抵御市场风险的能力。

3. 发展规模化楼宇经济收益会更大

从友联社区的发展路径,我们可以看出,友联社区通过友新街道直接引导和政策扶持,以抱团和联营的发展模式获取了较高的收益。从组建六社区股份合作社到友新街道资产投资经管理服务公司,友联社区都是作为其中的一个重要组成部分参与其中的,既避免了单兵作战所遇到的风险,可以实现规模化的经营,同时又减少了投资项目周期长、投资资金不足的不利条件。由此可见,在市场化的条件下,在区政府或者是镇政府的统筹规划下,实现联合经营,获取更大的规模效益,是发展楼宇经济的一个趋势。

五、存在的问题和未来发展方向

友联社区发展到现在,村级集体经济壮大的第一步已经走完,如果再像以前一样快速发展确有难度。接下来,就要考虑如何把分散的资产整合起来,走规模化之路。而从目前的运作情况来看,友联社区发展很快,资金也很充足,关键是缺人才,特别是缺招商人才、经营性人才、资本运作的人才。股份合作制的资产盘活与投资更来不得半点闪失,寻找人才也更为迫切。事实上,就在前两年,友联人就已通过各种渠道,想以20万年薪聘请一位财务总监,结果还是没有找到满意的人才。但不管怎么说,资本运作这条路,还是应该继续走下去。

另外,城区农村集体经济发展,应该纳入苏州市城乡一体化发展战略。政府相应给予城区集体经济发展的空间资源,确保城区集体经济健康、稳定发展,这是可持续发展的必经之路。

资本运作人才的缺乏已成为制约友联社区未来村级集体经济持续壮大的重要因素,未来,在人才的使用上,需要不断创新形式,不求为我所有,但可为我所用,通过聘请投资顾问、建立专家投资咨询机制等解决人才匮乏的问题。另外,在发展楼宇经济的过程中,需继续走联合抱团发展之路,并需要不断提高楼宇经济的层次,建立楼宇经济管理的信息化、网络化的管理和监督机制,保障其持续发展。

【思考题】

1. 在集体经济的发展模式上,友联社区为什么要采取楼宇经济的模式?

2. 结合本村发展实际情况,谈谈楼宇经济发展模式是否适用,为什么。

第七章　联合抱团发展村级集体经济

概　述

村级集体经济发展到一定阶段以后,一些制约因素如资金、技术、人才等问题日益突出,迫切需要转变经济发展方式。近年来,苏州把深入农村"三大合作"改革作为调整生产关系、促进生产力发展的重要手段,积极探索村级集体经济更高层次的实现途径,逐步向从量的扩张到质的提升、从"单打独斗"到"抱团发展"、从联社总社到集团公司的方向转型,已由原来单一的农产品生产合作转变为多元要素联合合作,形成了土地、资产、物业、劳务、农家乐等多种组织形态并存的发展态势。截至2015年年底,全市累计组建各类股份合作经济组织4535家,持股农民超过96%。农村集体经济总资产1610亿元,村均年稳定收入776万元,均比上年增长8.1%。股份分红已成为提高财产投资性收入、促进农民增收的重要途径。

组建合作社联合体,被视为股份合作经济打破制约、转型升级、为农民收入倍增挑重担的重要路径。这些联合体分两类:一是村内合作社联盟,如吴中区临湖镇湖桥村的土地、资产、物业三大合作社出资5600万元,组建湖桥集团;二是村际合作社联盟,如吴中区长桥集团注册资本1亿元,街道下辖七个社区合作社各出1000万元,街道资产经营公司出3000万。合作社联合体打破社际、村际壁垒,抱团发展,把资源配置半径从一村一社扩至一镇(街道)多社,大大增强了发展能力。特别是近几年来,部分镇以镇级为单位组建市场化运作主体,进行统一规划、统一建设、统一经营,在更大范围内、更大领域上实现土地、资金、技术、信息等要素的优化配置,实现资源共享,形成了规模效应,有效促进了村与村之间的联动发展、协调发展。

一、联合抱团发展村级集体经济的主要做法

1. 突出政策扶持

自2003年至今,苏州市农办和苏州工商局合作颁发了《关于规范农民专业合作社等各类农村新型合作经济组织工商登记管理的通知》《苏州市农民专业合作社联合社登记办法》等多个全国首创的文件,期间,苏州工商部门还先后颁发了木渎金星村社区资产股份合作社、西山俞角里碧螺春茶叶股份合作社、横泾街道上林村土地股份合作社、洞庭东(西)山碧螺春茶叶专业合作联社、临湖镇湖桥村苏州湖桥集团五个"全国第一"的农村合作经济组织的营业执照,有力促进了苏州农村合作经济组织的发展。

2. 创新联合形态

在具体的联合形态上,既有同类型合作组织间的联合,也有不同类型合作社之间的联合,包括生产专业合作与各类股份合作之间的联合,组建农业合作集团,采取公司制形式,实行市场化运作。这方面昆山市淀山湖镇成立的淀山湖强村联合发展有限公司提供了有益的经验。淀山湖强村联合发展有限公司采用公司化运作模式,总公司下辖4个子公司,大力开展市政建设工程,既为政府节约了成本,又为百姓谋取了利益。

3. 重视资本运作

在具体的业务经营运作上,逐步改变之前重资源利用、轻资产资本运作的发展的方式,变资源为资产,变资产为资本,以资本创产业,实现自有资源的产出最大化。各类新型富民合作联合组织,逐步改变靠物业租赁为主的发展方式,实现向产业经营方向的转变,坚持能工则工、能农则农、宜商则商,打破村域界限,实施统筹战略,加快联合投资置业,并逐步改变固守本土、就地发展的方式,探索跨区域发展,提升村级集体经济。

4. 移植现代管理

在日常的管理服务上,加强资产管理、财务监督,探索建立集中集约式管理新机制,逐步实现持续规范、稳定健康发展。如苏州工业园区唯亭镇针对辖区内34家合作经济组织发展程度不一、管理难度加大的现状,集中资源,提高运行效率,于2012年成立了工业园区首个规模型富民发展实体,进行各合作社资源资产的统一开发、经济收益的统一分配和社会事务的统一管理,探索出了社区社会事务集中管理的新模式,带来了合作社的均衡发展,促进了社区管理的规范有序。

5. 突出示范引领

苏州率先在江苏省组建农民合作联社、总社,率先推进合作经济组织集团化运作,主动探索多形态"抱团发展"策略。2007年成立的横泾街道物业股份合作总社,是江苏省第一家村有分社并工商注册登记的镇级股份合作总社;2008年组建的洞庭东(西)山碧螺春茶叶专业合作联社,成为全国首批办理工商登记的茶叶专业合作联社,带动全市春茶销售突破5亿元,茶农户均净利破万元大关;湖桥村在全国率先组建首家农民合作社企业集团——湖桥集团,突破农字头经营范围,开创向现代企业华丽转身的蝶变之路。

二、 联合抱团发展村级集体经济的经验和启示

联合抱团发展村级集体经济虽然刚刚起步,但也摸索出一些经验和启示,主要有以下方面。

1. "抱团"更益于资源共享、优势互补

随着城乡一体化发展的不断加快、动迁和环境整治力度的加大,村级集体资产收入逐渐减少,而土地资源的制约,使以出租标准厂房等集体资产为主的村级经济发展空间越来越小;同时,村与村之间发展的不平衡性加大,大多数村集体发展潜力不足,可支配收入增长不快。集团化联社可以结合各个专业合作社的特点,适时调配资源,实现资源共享、优势互补,形成资金集中使用、资源集约利用、人才好中选优、政策重点扶持、集中力量办大事的优势,拓展了村级经济经营领域,拓宽了

村级经济的发展空间,也更加有利于抵抗市场风险。

2. 政府要"放水养鱼",做好支持服务

相对于招商引资、上项目来说,发展产业集群要复杂得多。为此,苏州各级政府"放水养鱼",转换角色,把自己更多定位在环境优化和政策服务上。在以政府为主导、企业为龙头、村民为主体的前提下,政府本着"高效、规模、精品"的发展原则,采用"公司+基地+农户"的土地经营方式,鼓励村民、种植大户、农业企业等土地经营者去创造多种经营方式,帮助农民增收,积极倡导农业投资主体多元化,更多地吸收外资、民资和工商资本的投入。

3. 要"一体化发展",更要"特色发展"

苏州的联合社组织形式丰富,抱团联合呈现出了多样性的特征,包括跨行业及跨地区农民组织两类,以及由农民专业合作社出资成立的企业集团等,类别在全国同领域中最多。涉及的经营范围既包括农副产品生产和加工,也有现代物流、旅游、劳务、农业科技服务等。联合社在抱团一体化发展的同时,非常注重错位发展,打造各自的特色,避免了同质化竞争。

4. 强调"合作",更要强调"股份"

截至2015年6月30日,苏州全市已累计拥有工商注册登记的农民专业合作社3684家,出资总额131.89亿元;农民专业合作联社58户,出资总额11.16亿元。其中,农民社员140.44万人,占总成员数的99.7%。目前,苏州拥有的工商注册登记的农民专业合作社出资总额和户数总量在江苏省各地级市中排名第一。

5. 制度框架引领有序发展

同步加强制度建设和监管,才能确保村级集体资产的保值增值。苏州市先后出台《关于加快农村集体合作经济发展的若干意见》等几十项政策文件,加快推进"政社分开"改革,进一步提高了合作社规范、规模运营效益,把村级财务和集体资产管理纳入制度化、规范化管理轨道,确保了集体支出科学合理,强化了村级财务民主管理机制,确保了群众的知情权、决策权、参与权,以制度化推进了以股份合作为主体形式的新型集体经济持续发展。

三、联合抱团发展村级集体经济存在的问题及发展思路

联合社在抱团发展过程中也遇到不少问题,如对市场风险控制较难。高投入带来高回报,但不可能永远只赚不亏。无论采用哪种渠道筹资,一旦出现风险,最终受损的还是农民的利益。苏州曾设想将城镇化进程中形成的低风险、高收益的优质资源,如农民动迁房、农贸市场、门面房的建设及运营,由对外竞争发包转为出让给农民合作社。但受制于国家的工程招标政策,这一设想大打折扣。2011年淀山湖镇政府基础设施投入累计达五六亿元,但昆山市淀山湖镇强村发展有限公司仅获其中一成。另外,在抱团发展过程中,还有以下问题:一些联合专业合作社存在章程不规范、制度不健全、运行机制不理想、经营管理薄弱、管理人员素质不高等问题;大部分联合社尚处于成长阶段;资金短缺也是现阶段合作社运行过程中的一个突出问题,缺少打造专业品牌的持续投入,影响品牌建设,市场竞争力不强;等等。

因此,要进一步紧密联合社的利益联结,提升整体实力,增强服务功能。首先,要增强资金扶持力度。在利用国家开发资金扶持的同时,各级财政,特别是市、县两级财政要设立专项资金扶持联合社的项目建设,银行、信用社等金融部门要积极给予信贷支持,提供各种低息贷款,帮助解决联合社流动资金不足的问题,以培育壮大并增强合作组织市场竞争能力和对成员的服务能力。其次,要做好"造血"服务。"输血"固然重要,"造血"才是发展之本。要促进联合社产业发展不断壮大,有关部门在税收、信贷、注册登记、用地、用电和产品流通等方面要制定更多切实可行的管理和优惠政策,减少办事环节,减少收费额度,减少行政干预,带动产业稳定发展,让广大农民得到更多实惠。三是要多培养懂技术、善经营的新型职业农民。苏州农业现代化整体水平高、进程快,发展中面临的最大困境便是农业人才的短缺与断层,如农村劳动力人员老龄化严重,接受新事物的能力不强,专业人员比例不高,经营人才不够。未来要重点解决"持证上岗"问题,进行相关资格认证,为农业从业者颁发资格证书,根据实际需求培养一批"职业农民"。

案例一 唯亭街道：组建富民集团，走出富民新路径

一、概况

苏州工业园区唯亭街道位于苏州市中心城区规划范围内东北部，东面与昆山市接壤，西面紧靠苏州市区。街道行政管辖面积达 80 平方千米（包含 36 平方千米的阳澄湖水面），常住人口超 7 万，其中户籍人口 6 万，新唯亭人约 1.2 万人，流动人口 20 万人。2015 年全年完成公共财政预算收入 16.69 亿元；完成规模以上工业总产值 385.02 亿元，固定资产投资 51.16 亿元，工业固定资产投资 11.47 亿元，限额以上零售额 13.99 亿元，各项指标保持稳健增长，已经成为苏州工业园区北部重要的城市副中心和生态门户区。

在"三大合作"改革推进的过程中，唯亭街道立足当地经济社会发展的实际情况，积极转型升级，创造了数个"第一"：2004 年，组建了苏州市第一个镇级富民合作社，参股股民达 4000 多户，吸纳股金 1.5 亿元，是目前全市单个规模最大的富民合作组织；2007 年，组建了苏州工业园区第一家村级专业富民合作社——浦田打工楼合作社；2008 年，组建了苏州工业园区第一家行业富民合作社——"唯唯亭亭"大闸蟹富民合作社；2011 年，组建了苏州工业园区第一家劳务合作社——阳澄湖村新澄劳务合作社。截至 2011 年年底，唯亭街道的 2.1 万户居民中有 55% 参加了各类专业富民合作组织，全镇 18 个社区全面完成股份合作社组建，全镇富民载体累计突破 70 万平方米。

但是，随着改革的不断深入，近年来原有富民组织呈现出资源分散、各社区发展不均衡、规模小等"短腿"现象，唯亭街道尝试组建规模更强大、实力更强劲的富民集团来打破发展瓶颈。2012 年 2 月 26 日，总注册资本 19 亿元的"唯亭富民集团"在苏州工业园区揭牌成立，这也是园区首个规模型富民发展实体。该富民集团由唯亭街道 14 个社区

股份合作社、18个社区富民投资公司、镇集体资产经营公司、镇"唯亭"阳澄湖大闸蟹专业合作社等34个富民组织共同出资组建。在母公司富民集团公司下面,设唯亭建设发展有限公司、唯亭创业投资有限公司、唯亭生态农业开发有限公司三大子公司。

唯亭街道通过整合镇、社区两级资源成立富民集团,集聚全镇富民组织的优势力量抱团打造"富民航母"的做法为苏州富民组织做大做强作出了有益尝试。目前,在全市富民组织中,唯亭富民集团的资产规模最大、成员单位最多、惠及面最广、发展载体最丰富。2012年12月26日,苏州工业园区机构改革撤销三个乡镇,成立四个街道,唯亭街道党工委、街道办事处挂牌成立。至今,街道累计上市企业16家,名列苏州全市乡镇(街道)第一。

二、主要做法

1. "就业""创业"双轮驱动

就业是民生之本,创业是致富之路。2008年年底,唯亭建成了5000平方米的人力资源市场,引进29家高水平人力中介公司入驻,专门设置50个招聘摊位,成为苏州乡镇中面积最大、设施最全、信息最多的综合型就业服务保障平台。人力资源市场将全镇的保洁、绿化、保安等公益岗位优先配置给"4050居民"以及各类弱势群体,近年来累计提供公益岗位超3500个。同时,为失业人员免费开设了保安、家政、绿化养护、物业管理等10种专项技能培训,开办多期技能培训班,培训居民累计超过2万人次,每年推荐企业上岗超2000人次,有效地提高了失业人员的就业能力。在实现充分就业的基础上,唯亭在镇东、西片分别规划建设了5万平方米的"富民创业孵化基地",以优惠的租金提供给作坊户设立衣架生产点、工业配套、小五金加工等家庭工业,符合入驻创业孵化基地条件的创业实体可按比例享受租金补贴,每年补贴最高可达5000元。目前已有650多户作坊家庭入住,户均年收入为7.8万元。

2. "宜商""宜居"聚集投资

2007年,唯亭镇被苏州市委、市政府列入全市23个"城乡一体化综合改革配套先导区",也是苏州工业园区唯一的"区镇一体化发展先导区"乡镇。2008 年,唯亭镇开始着力打造"宜居"品牌,城市宜居建设进入高潮,吸引招商地产、首都城开、中信地产、上海绿地等 20 多家房产巨头在唯亭启动建设 110 万平方米高尚生态住宅,青剑湖、阳澄湖"双湖"板块已成为全市生态宜居的热点板块。由青剑湖社区富民合作社建设的青剑湖商业广场,总面积超过 4 万平方米,不仅成为社区收入的主要来源,也成为青剑湖环湖区域具有一定辐射带动力的重大商业配套项目;2009 年,唯亭基本完成全镇全部 2.1 万户共计 6 万农民的一次动迁;2010 年,唯亭在全市乡镇中率先实现"江苏省卫生镇、全国环境优美镇、江苏省园林小城镇、国家卫生镇"镇级环境类创建大满贯,并投入 2.5 亿元建设了乡镇中规模最大的生态体育公园——110 万平方米的阳澄湖滨生态体育公园,这一块地成为阳澄湖畔的生态新地标。唯亭街道逐步被打造成为苏州工业园区北部生态最优美、交通最便捷、居住最舒心的城市副中心。

3. 特色品牌异地发展

阳澄湖大闸蟹是唯亭的一大招牌,也是该地的特色富民产业。近年来,由于阳澄湖围网整治,部分渔民"洗脚上岸",失去了收入来源。为此,唯亭创新培育"外出种养殖户"等特色创业户,在全市乡镇中率先实行"动迁农民走出去创业工程",制定扶持政策,积极鼓励和引导被征地农民从"本土小就业"向"外出大创业"转变,帮助失地农民远赴安徽及省内的句容和盱眙等地,承包农田、林场、水面,实现二次创业。现在,唯亭外出创业种养户超过 800 户,承包农田、林场、养殖水面超过 10 万亩,户均年增收达到 5 万元以上。目前,富民集团下属的唯亭生态农业开发有限公司以 1100 亩浦田农业生态园为依托,开发建设本地 400 亩生态农业项目,外出发展 5000 亩种养基地,累计种养殖面积超 5 万亩,借力"唯唯亭亭"和"草鞋山"两个已有著名商标,不断做大,增加合作社(股民)收益。

4. "房东经济"保障收入

苏州经济发达,唯亭街道积聚了 20 万外来务工人员,而本地人只有 6 万。政府通过科学合理地规范和培育全镇动迁房出租市场,开展社区环境整治,完善社区功能服务,提高社区居住品质,为动迁居民搭建好"房东经济"平台。除了"散户"房东,唯亭全面放大阳澄湖大闸蟹产业的资源优势和品牌优势,建设了5万平方米的唯唯亭亭国际蟹市场,以及打工楼、餐饮街、邻里中心、农贸市场、装饰市场等50多万平方米的创业载体。2012年,唯亭计划投资7亿元,建设工业厂房15万平方米,商业载体10万平方米,带动18个社区富民投资公司投资6亿元建设载体20万平方米。据统计,目前唯亭拥有投资性、财产性等收入的家庭超过1.6万户,占街道总户数的近80%,街道拥有动迁房屋租金收入的家庭达4000户,平均每户年租金收入超1.5万元,房租收入已经成为动迁居民稳定收入的重要来源。

5."发展""开发"齐头并进

唯亭富民集团成立以来,目前已锁定了发展重点,即"品质农业大发展"和"载体大开发"两大方向。唯亭富民集团下辖的三个子公司,分别针对商业厂房、公寓、农业合作社等进行建设、投资和指导,推动各个社区的富民经济充分、均衡发展。唯亭富民集团三大富民载体项目总投资超过5亿元,总规模超过25万平方米。其中,星华产业园总建筑面积16万平方米的厂房,主要发展装备制造业与新兴产业项目,是重大富民工业项目;新镇商贸中心总建筑面积8万平方米,是重大富民商贸项目;富民科技园总建筑面积5万平方米的厂房,主要发展高新科技项目及研发类项目,是重大富民科技项目。三大项目各具特色、优势互补,不仅是唯亭富民发展的龙头项目,也是唯亭产业转型的重要载体。

三、经验启示

唯亭富民集团组建以来,有效地整合了镇、社区两级各类富民合作资源,通过"抱团"集约化发展,统筹经营运作和管理,推动街道富民发展从此前的"小而散"向"大而强、大而集中"转型。一方面带动了原来的富民公司发展,另一方面又集中力量办大事,打响品牌效应,深入推进资源资产化、资产资本化、资本股份化和股份市场化,既打破了社区富民的发展瓶颈,避免了资源分散、小规模发展的局限,又充分整合资源,实现转型升级,有效地实现了富民增收。

1. "抱团"实现三方共赢

集团模式大大提高了合作社抱团闯市场的能力,实现了村集体、合作社和农民的三方共赢。富民集团集多个专业合作社的优势于一身,推动农民专业合作社之间进行多领域、多方式的联营与合作,促进合作社走向联合,有效形成了规模优势。集团利用自己稳定的供货优势、成片区的规模经营而赢得了企业的信任。另外,合作社通过联合减少了成本开支,避免了单一合作社之间重复投资、明争暗斗、互相拆台等现象,在技术支持、采购生产资料等方面整合资源,大大降低销售成本,提高收益。从"散兵游勇"到"集团作战"的升级跨越,让更多农户得到实惠。合作社由于规模大小不一,在制度建设上存在很多不规范、不完善、不全面的地方。但由于联合社规模大,所以在当地有一定的知名度,为确保联合社的规范有效运作,联合制定和完善了各项规章制度,这样既保障了合作社有序、规范的运行,也保障了合作社成员的利益,更解决了单个合作社解决不了的问题。

2. 要围绕"就业"破题

在城市化进程中,就业是增收之本。失地农民一没文凭二没技能,找工作更是困难。在适应全新的城市生活的过程中,不管是生活方式还是思想观念,失地农民都存在种种不适应。不仅要给失地农民提供就业岗位,还必须让他们有一技之长。唯亭按照"人人有技能、个个有岗位、家家有就业"的目标,不断完善居民就业保障体系。唯亭为此建设了5000平方米的唯亭人力资源市场,引进29家人力资源公司,设置50个招聘摊位,成为推动居民进企业工作的重要平台,确保被征地农民失地不失业。

3. 扶持创业是长久之计

唯亭农村居民创业的基础有很多类型,根据具体情况,街道针对性地提出了"宜工则工、宜农则农、宜商则商"的创业扶持原则,为被征地农民量身打造了五大创业平台。针对传统家庭作坊户,规划建设了5万平方米的富民创业孵化基地,以优惠的租金提供给作坊户设立衣架生产点、工业配套、小五金加工等家庭工业;针对种植养殖大户,在推动一批种养大户实现外出创业的同时,积极引导一批蟹农实现标准化养殖,在唯亭阳澄东湖集中建设了1万亩的阳澄湖大闸蟹生态养殖基地,推动唯亭的螃蟹养殖向专业化、规模化、标准化提升;针对有一定创业经验和基础的居民,唯亭建设了餐饮街、邻里中心、农贸市场、装饰市场等50多万平方米的创业载体,引导和推动动迁居民开办餐饮、商品零售、运输等个体经营;针对本地的螃蟹产业户,建设了5万平方米的国际蟹城,推动此前零散的批发户、营销户转变成蟹产业的市场经纪人;针对动迁私营企业,全力做好政策扶持和资源倾斜,将建成的厂房等镇级载体优惠租赁给本镇私营企业,促进街道民营企业实现可持续发展。

4. "让利于民"是根本

就业、创业只是富民的基础,被征地农民只有实现收入稳定持续增长,才真正谈得上富民、富业。秉持这样的富民理念,唯亭富民合作社已实现了三步跨越。自2004年开始,唯亭率先组建了全市第一家镇级富民合作组织、园区第一家村级专业富民合作组织、园区第一家行业性富民合作组织,并先后组建了畜禽、蔬菜、瓜果等各类行业性专业富民合作社,这些行业性富民合作社确保了失地农民收入的持续稳步增长。

四、存在的问题和发展思路

目前,唯亭富民集团在发展的同时面临着品牌打造难、管理职能交叉和管理水平需进一步提高等问题。成立富民集团的主要任务之一是帮助合作社打造农产品品牌,但由于属于新生事物,其在品牌建设上仍然滞后于市场,面临打造的品牌少和打造的商标在市场上知名度不高的问题;合作社、协会和富民集团三者之间的关系及职能还有待进一步理顺。一要明晰职能和管理。协会属群众性、行业性和非营利性的组织,不具备法人主体资格,在单个农民专业合作社基础上组建的集团公司,要打破合作社、协会、合作社联合社三块牌子一套班子的管理格局,明晰职能,按照章程和管理办法进行有效的民主管理与监督。二要发挥好行业协会的作用。联合社的生产经营资金和其他生产要素的来源,具有很强的内部性和封闭性,限制了联合社的经营规模和社会影响力。应加强规划,建立区域性同业协会,引导相同专业的合作组织跨地区联合,以行业协会带动新型合作组织的发展。三要积极延伸产业链。

通过延伸产业链,不断拓宽经营范围和服务领域,提高自我服务能力、服务质量和市场竞争力。联合社要充分发挥植根于社员、了解社员需要的优势,围绕社(会)员生产和经营的需要,开辟新的服务渠道,增加新的服务内容,逐步由技术交流、生产服务向生产服务、市场销售等综合性服务发展。要以市场为导向,生产和提供优质、安全、高附加值的服务产品。

【思考题】

1. 你认为唯亭街道组建富民集团的源动力来源于哪些方面?
2. 你如何理解"资源资产化、资产资本化、资本股份化和股份市场化"?

案例二 淀山湖镇：组建强村发展有限公司，展现强势发展后劲

一、概况

经过两年的尝试和探索，"多村联合、抱团发展"的强村新路在昆山市淀山湖镇正逐步显现出旺盛的生命力，而淀山湖强村联合发展有限公司就是淀山湖镇创新推出的新型经济组织形式。

2010年4月23日，淀山湖镇11个行政村（现已合并为10个）共同注册资金3000万元成立淀山湖强村联合发展有限公司。公司成立时间不长，却展现出强势的发展后劲。2011年，强村公司实现产值2.6亿元，可分配利润1682万元，拉动淀山湖镇村级集体经济收入大幅提升，全镇10个行政村实现村级经济可支配总收入3769万元，增幅达到了74.7%，名列昆山全市首位。五年间，分配利润从最初的300万元增至2520余万元。

强村公司有着更高、更远大的目标：生产总值超5个亿，实现可分配利润3000万元，10个行政村中有1个村收入超1200万元、2个村收入超600万元、2个村收入超500万元、5个村收入超300万元。

二、主要做法

1 "项目经营"保障规范管理

成立之初，强村公司就不满足于出租厂房等粗放型的经营模式，而以创新的方式拓展项目经营，先后成立了五大营运中心、四个子公司，并在实践中逐渐形成了以"三方八联"（施工方、监理方、代建方和多机构联席会议）为核心的工程全程管理九大制度。如在淀山湖花园工程中，强村公司通过规划审核、方案设计等环节，为政府节约成本超过7000万元。

2. "民本经济"凝聚发展合力

强村公司的性质区别于传统意义上的集体经济,是代表各村共同利益的集体股份制企业,是完全代表老百姓利益的民本经济。"村村冒烟、处处点火"只能是小打小闹,基于这一点,淀山湖镇强村联合发展有限公司将全镇各村的资源和财力整合起来,采用所有行政村入股的形式,以项目投资增强村级集体经济实力,进行组团发展,强村富民。公司成立后,淀山湖镇党委政府采取扎实措施,大力扶持公司健康运营,在资金调度上优先安排,在资源上优先满足,在政府工程项目上优先考虑。淀山湖镇政府将总投资20.56亿元的14项民生、实事工程打包给强村公司代管、代建,主要包括淀山湖花园、淀山湖市民活动中心、淀山湖小学、新农村建设、农村唱戏台等工程。

3. "小额贷款"增强创业内力

淀山湖镇积极鼓励农民自主创业,以创业带动富民,增加就业岗位。通过多渠道的宣传,淀山湖镇城乡居民要求申请创业贷款的越来越多。2012年1~7月,镇农民创业指导中心和小额贷款担保中心共为127户创业者发放了创业小额贷款1844万元,完成年计划1600万元的115%,其中"初创型"贷款105户、804万元,"成长型"贷款22户、1040万元。从已发放的贷款情况看,具有以下四方面特点:一是超额完成了小额贷款任务的15%;二是首次贷款户明显增加,在105户初创型贷款户中,首次贷款44户,占42%;三是女性创业贷款进一步扩大,现有女性贷款34户,贷款金额297万元,比2011年同期女性贷款额增长了39%;四是按照市富强办要求,在思想上进一步统一,牢牢把握扶新、扶小、扶弱的放贷基本原则,充分体现了创业小额贷款的帮扶功能,并在程序上进一步规范了放贷程序,在具体操作过程中,紧紧抓住预报方案、详细审核、规范担保、及时放贷四个工作环节。

5. "摆正价值"服务百姓、政府

"为政府做更多的事,为百姓赚更多的钱"是强村公司成立之初的诺言。强村公司既不同于普通的民营经济,也不同于传统的集体经济,它是代表淀山湖镇2.7万老百姓共同利益的集体股份制企业,是社会主义市场经济条件下的新生事物,是完全代表老百姓利益的"民本经

济",是一种创新的经济组织形式。强村公司目前已承揽淀山湖花园、欧郡街、淀山湖市民活动中心、淀山湖小学等各类建设、管理、服务项目70个。"为百姓最大限度地谋求利益,为政府最有效地节约资源"是强村公司存在的价值,也是强村公司得以健康、迅猛发展的根本所在。

三、经验启示

1. 发展形式上不能一刀切

成立强村公司要解放思想,因地制宜,以灵活方式促载体搭建。在公司的发展形式上不能一刀切,必须要紧密结合各村的发展特点,结合自身实际,因地制宜地推动。在融资方式上更要结合村级集体经济收入实际,采取村居独资、吸纳入股和大户联营等多种形式。

2. "建""管"分离让政府更高效

淀山湖镇强村公司主要开展市政工程建设,所建设的工程项目中既有动迁房工程,又有基础教育设施建设工程;既有市民活动中心、农村唱戏台等文化休闲工程,又有果品基地、村庄整治等新农村建设工程。淀山湖镇委托淀山湖强村公司管理民生工程,实施"建""管"分离,有利于进一步转变政府职能,让政府将更多的时间和精力花在经济社会发展和为民服务上。

3. 转变增长方式必须要有法律法规支持

顺应时代潮流兴起的强村公司,是构架在农户的小生产与社会的大市场之间的桥梁和纽带,它探索解决了现阶段我国农业农村经济发展的一个突出矛盾,即千家万户的小生产与千变万化的大市场之间的矛盾,为农民和农产品进入市场提供了良好的条件和广阔空间,是保护农民利益和实现农业产业化经营的有效组织形式。强村公司在组织形式上符合《公司法》的相关规定,操作成本较高,在操作过程中要针对相应问题,参照《公司法》《合伙企业法》等,为进一步修改并完善相关规定给予支持和保障。

4. 百姓参与是发展之本

保证农民的主体地位夯实了农村社会管理的基础。在发展农村集体经济的过程中,要始终坚持经济效益与社会效益两手抓,让农民成为农村经济社会发展的真正主体,增强其参与社会管理的积极性。同时,重视发挥基层党组织的战斗堡垒作用,使农村党组织成为推动科学发展、带领农民致富、密切联系群众、维护农村稳定的坚强领导核心。

四、存在的问题和发展思路

强村公司的模式对推动农业增效、农民增收、农业产业结构调整和提升农业产业化经营水平,发挥了积极而重要的作用,但其发展过程中亦存在着多种问题,主要表现在强村公司尚处于初始发展阶段,经营规模小,经营信誉、经营资质和抵御市场风险能力都比较低。从淀山湖强村公司的运作项目来看,公司的发展对政府支持的依赖程度较大,不具有大范围推广的典型性。

强村公司由村集体自发形成,政府需要进一步加强有效的支持和引导,在市场营销、人事培训、项目建设等各方面给予必要支持,帮助解决发展中的难题。一要从资金投入上扶持。如发放低息贷款、科技经费扶持、地方发展经费扶持等,开辟多种渠道,解决村集体企业资金不足的难题。二要从科技投入上扶持。主要是通过一定的培训和宣传,把先进的科学技术、管理理念送到企业手中,送到管理者手中。一方面,加大对企业生产人员技术上的培训,形成企业自己的技术队伍,提高产品的质量,增强产品的市场竞争力;另一方面,加大企业负责人经营管理的培训,让负责人转变管理理念,运用科学的经营方式为企业的发展增添活力。三要从经济政策上扶持。政府应给予村集体企业一定的优惠政策和措施,减少企业在生产经营中的成本费用,加大产品的生产和销售,带动企业的活力,增加企业的利润,如减免税收、贴息贷款、政府购买以及将扶持企业的发展纳入干部考核体系等。

【思考题】
1. 你认为村际联合发展村级集体经济重点要关注哪些方面?
2. 你认为淀山湖镇的强村公司模式在实际运作中有哪些软肋?

案例三 元和街道：组建元联置业有限公司，搭建发展新平台

一、概况

相城区元和街道地处苏州古城区北，为相城区政府所在地。街道总面积达44.36平方公里，常住人口约17万，流动人口近21万。下辖28个社区。

2006年10月，元和街道13个村的社区股份合作社共同出资6000万元，成立元联置业有限公司，41945名失地农民成为股东，开始抱团进城掘金。该公司自2006年10月成立以来，逐步打造起全方位、多层次、宽领域的经营格局，公司的经营范围从创办初期的物业项目开发、投资管理和集体资产租赁经营，拓展到房地产、金融、物业管理、绿化养护等多个领域，发展成为一个下辖8个子公司的集团型企业，形成了"集体开发、集体经营、集体收益"的"元联模式"，为失地农民提供就业岗位6000多个，员工从起初的7人发展至800多人，先后开发建设项目12个，累计总投资超过10亿元。创办10年，公司资产扩张了26.7倍，从成立时的6000万元扩大到16亿元，41945名失地农民在喜获1.47亿元分红的同时，手中的股本金增长了5倍，还贡献了2亿多元税收。

二、主要做法

1. 以现代管理提高发展效益

元联公司按照现代企业经营管理的要求，建立了全公司3章14节975条章程，建立了一套符合自身特点的经营管理机制，确定了集体开发、集体经营、集体收益的"三集体"宗旨，确保村级资产的保值增值。公司重大决策方案由董事会集体研究，提交股东代表大会审议决定，并报街道批准实施，有效保障了公司决策的科学性和村级集体资产的安全性；公司作为市场化运作主体，在完善治理机制基础上，实行灵活的

经营方式,借助集体经济组织的优势,积极利用多方支持、政策优惠、资金聚集、资源集约利用等有利条件,低成本整合农村生产要素,实施全方位、多层次、宽领域的经营策略;项目经营由公司集体承担,不允许任何私营性质的实体掺杂其中鱼目混珠;项目的建设成果用于股民分红后,积累部分投入发展扩大再生产,做大公司的盘子,壮大农民参与城市化建设的实力。

2. 以项目建设搭建发展平台

项目建设是元联公司发展的本源。项目包括苏州城区规模最大的油漆仓储展示厅、江苏现代服务业重点支持项目家具配载中心一期、兰桂坊商业广场、元和大厦、胡项农贸市场、失地农民培训中心、苏州(中国)婚纱城、元联大厦、润元社区配套服务用房等,通过不断搭建发展平台,创造了发展先机。油漆仓储中心是元联置业有限公司首先投资开发的一个服务业配套项目,将零散分布在蠡口国际家具市场周边的120多家油漆经营户,集中在符合消防要求的一个区域经营,既消除了城市的安全隐患,元联公司也通过经营场所的出租每年获得600万元收入,掘到第一桶金。

3. 以多元发展汇聚发展动力

元联公司成立以来,先后投资建设兰桂坊商业广场改造、元联中心、婚庆创意产业园等10个大型项目,还合股成立了小额贷款担保公司,从单一市场投资发展形式发展成为集房产开发、物业管理、绿化工程、楼宇经济等于一体的多元经济实体,总资产由成立时的6000万元扩大至10.38亿元,净资产达到3.36亿元。

4. 以资源整合壮大经济实力

元和街道是一个混合型社区。街道按照就近划分原则,将不同类型的社区进行有效组合,以6个社区为一组,成立5个社区活动联盟,分别为"幸福千万家""幸福馨家园""幸福直通车""邻里情"和"零距离",每个联盟都包含老市镇社区、商品房社区和动迁安置社区,联盟特色又都各有侧重。这样一分,社区与社区就抱团发展,新社区带动老社区,新社区的资源老社区也能享用,老社区的管理经验新社区能借鉴吸收,互利共赢,新老社区间的和谐度也大大增强。

5. 以惠民利民共享发展成果

一是配送股金、股金分红等。几年来,分配给失地农民近 2500 万元,股本金增长了 3.4 倍。二是帮助失地农民创业就业。公司董事会明确规定,绿化养护、物业管理、保卫保洁、市场搬运等岗位提供给农民股东,公司新开发的婚纱城、元联大厦等项目,在开发建设时同步进行岗位预招聘,每个项目可提供 1 万个就业岗位。同时,项目在招商引资中,优先提供有创业意向的股东,为他们搭建创业致富平台,累计已有 200 多人依托公司的项目做起了老板。

三、经验启示

1. 稳定社区管理是发展基石

元和街道位于苏州古城区北,为相城区政府所在地,街道下辖 31 个社区,其中 13 个是涉农社区。街道常住人口 7.2 万人,外来人口近 20 万人。居民诉求不同,差异较大,管理工作者与居民在理念上对统一、科学、精细化的社区管理理解的差异也比较大,元和街道"五位一体"的社区管理服务,逐步建立起统一、有效的协调管理机制,为社区建设发展创造了良好的投资发展环境。2009 年,街道被国家民政部命名为"全国和谐社区建设示范街道"。

2. 街道发展是个系统工程

只有凝聚民心,合力发展,才能长久。在元和街道的社区服务中心,有个"人大代表之家"。这个人大代表之家是元和街道人大代表学习培训、联系选民、开展活动、沟通交流的平台。平台的创建有力地加强了代表同广大选民的密切联系,代表们可以面对面听取群众的意见和愿望,同时也便于群众对代表的监督,提高代表的素质和履职能力。代表活动定时、定点、定内容,促进代表工作规范化的同时也调动了代表参与活动的积极性。2010 年,元和街道人大代表之家被评为"苏州市优秀人大代表之家"。

3. 融入市场必须要引入现代管理

元联公司在拓展项目经营的过程中,高度重视公司的内部管理,特别成立了专门的决策风险评估领导小组,对公司有意上马的项目进行风险评估,通过风险评估后再提交董事会集体研究决定,减少和规避了投资风险。街道成立投资公司是推动村级集体经济发展的一个尝试,也是一个新事物,在市场化运作的同时必须加强监管,这样才能让村级实业公司适应市场环境健康运营,在现代农村发展中真正发挥独特的作用。

4. 管理升级须善借外脑

规范,就得打破村社不分。以集体所有制和股份制公司形式存在的村集体企业应该有公司合理化的管理机制及人才引进机制,还须开阔发展思路,探寻将所有权与经营权分开的经验,吸纳有经验及先进经营理念的团队来介入村集体经济体的经营,让公司的效益最大化。合作社联合体董事长、总经理多为镇村领导,他们大多由以村支书为主的股东代表大会选举,这样做多了民主色彩,但仍有政企不分的痕迹。合作社联合体应按股份合作企业的要求,明确农民的直接股东身份,保障他们选举股东代表大会的权利,参与并监督企业决策,以保证农民股份合作发展成果完全惠及农民。小船变巨轮,管理能力要升级,必须善借外脑,引进职业经理人,以专业团队控制经营风险。目前,元联置业有限公司五个子公司的总经理全部外聘。

四、存在的问题和发展思路

元联公司在内部管理、人才培养等方面也遇到了一些问题,如公司业务多属于"能人"带动型,个别大股东享有决定权,在实际运作中多靠个人权威或感情维持,社内管理、决策的科学性和民主化程度不够,等等。在公司投资和运营过程中,一要关注投资方向。企业投资方向应以市场导向为依据,不能以政策导向为依据,公司的管理者不能把政策以指令的方式强加于企业,要加强投资的科学性。公司投资应注重自身的实力和特点,时刻关注市场信息,不能盲目跟从。二要善于利用自身优势。公司要善于发现并充分利用本地区的地理环境优势、交通条件以及资源优势来发展具有特色的经营项目。三要盘活要素,培植发展后劲。要注意盘活存量资产,对于闲置的办公楼、厂房、设备等集体资产,要积极整合,提高闲置存量资产的利用率。或采取反租承包、合股经营的形式进行开发,也可由村集体统一牵头,招商引资或联合农户参股开发,增加集体经济收入。

【思考题】

1. 你认为元联置业有限公司在搭建项目发展平台方面有哪些可借鉴的地方?
2. 你认为政府职能部门在人才培养方面还需做好哪些支持服务?

第八章　现代农业发展村级集体经济

概　述

　　苏州自古有"鱼米之乡"的美誉。苏州农业历来在全省乃至全国处于领先地位。但是，进入新世纪以来，随着工业化、城市化的快速发展，苏州农业的发展曾经一度跌入低谷。在中央一系列支农惠农的政策指引下，苏州市委、市政府审时度势，以"四生"为定位，及时制定了现代农业发展规划，大力落实"四个百万亩"的现代农业布局。苏州的现代农业正在迸发出前所未有的生机和活力，并成为农村发展村级集体经济的有效手段。总结苏州农村利用现代农业助推村级集体经济发展的主要形式，大多是因地制宜利用农业的生产、生态、生活功能，大力发展都市农业、生态农业、设施农业、外向型农业、休闲农业等。当然，现代农业还处于起步阶段，现代农业的高附加值一时还不可能充分体现，也不能与发展工业和三产服务业一样效益每年增幅很大，但是体现了这些村追求效益的价值取向。本章介绍的以现代农业助推村级集体经济发展的三个案例，从一个侧面反映了苏州发展农村集体经济的多元化探索。这些村都不是苏州村级经济实力强村，但这三个村的发展历程在一定程度上反映了苏州现代农业对村级集体经济的助推作用，也更加符合苏州生态文明建设对现代农业的发展要求。

第八章 现代农业发展村级集体经济

一、现代农业发展村级集体经济的主要做法

1. 大力实施品牌农业,提升现代农业的高附加值

实施品牌战略,是提高特色农产品市场竞争力最有效的途径。苏州始终把农产品品牌建设作为开拓农产品市场、加快现代农业发展、促进农民增收、增加集体收入的一项重要措施来抓。苏州相城区的莲花村,充分利用莲花岛位于阳澄湖中四面环水、相对封闭的地域优势和自然禀赋,合理发展阳澄湖大闸蟹养殖业,按照统一供应蟹苗、统一供应饲料、统一防治病害、统一产品标准、统一市场价格的要求,创建了"莲花村"牌大闸蟹,被农业部绿色食品办公室认定为绿色食品A级产品。金秋时节,该村吸引了上海等周边大中城市的大量观光游览顾客登岛品尝、购买大闸蟹,提高了农民收入。莲花岛上种植的"耕岛"牌大米,也打响了无公害生态米的品牌,收获季节,市民蜂拥而至,新米供不应求。太仓市东林村与科研院所合作,生产富硒功能大米,提高了大米的营养价值和市场销售价格,亩效益达到4000元左右。

2. 大力实施农业旅游,实现强村富民

一些邻湖、邻风景区的村,利用自身的自然资源优势,大力发展特色旅游及其配套设施,农民、集体双得益。莲花村四面环水,为了保证生态环境安全,岛北部一座方便村民出入的桥,严禁机动车行驶,游客上岛观光一律乘坐电动观光车。观光道路两旁种植了芝麻、花生、玉米、毛豆、棉花、水稻。农田里、蟹池边,常常能看见白鹭在飞翔。上岛观光的游客,不仅欣赏了原生态的田园风光,体验了村民幽静的世外桃源般的生活,而且品尝了"莲花村"牌大闸蟹的美味及农家菜的乡土气息和别样风味。为满足市民的休闲需求,莲花村村民开办了200多家"农家乐"。开展生态旅游不仅增加了集体收入,也富了村民。目前,莲花村村民户均年收入突破2万元。一些农业产业示范园区,靠集中连片的大片农田举办油菜花节及水稻插秧和收稻等观光、体验旅游项目。如苏州市吴江区同里镇北联村科技示范园区,依托同里古镇的旅游优势,打造出一处集休闲、餐饮、垂钓、生态观光农业于一体的生态农业

园,使古镇游增添了新的内容,农民增加了就业和创收的机会,农业焕发出新的生机。

3. 大力实施循环农业,提升农业的综合效益

随着工业化、城镇化、国际化和农业现代化的发展,苏州农业生产快速发展,单位面积土地的产量和产值提高,农民收入增加。与此同时,传统的农业废弃物处理方式已不再适应苏州现代农业发展的要求,过去作为燃料的农作物秸秆因燃气进村,被废弃或就地焚烧,污染了河道、土壤、大气,造成了严重的环境污染,危害当地村民的身体健康,导致大量附加值高的有用成分和养分资源流失,影响农业的可持续发展。因此,发展循环农业,把农业废弃物资源化利用,不仅可以节省能耗,减少废弃物排放,减少污染,而且能够降低生产成本,使环境更适宜,农产品更安全,经济、社会、生态效益更显著。太仓市东林村积极发展种养循环农业,一是水稻、麦子收获后的秸秆适量原地还田,剩余秸秆与猪粪混合堆制肥料。二是用加工的富硒米糠喂仔猪,过腹的米糠是优质的有机肥。养猪场采用发酵床技术,经过处理的猪粪、沼液、发酵床料等作为肥料还田,减少了农田化肥使用量,提高了土壤有机质含量。同时,利用发酵床料制作用于大棚育秧的机质料,广辟"废料"用途,延伸了循环链条。三是用太阳能捕虫灯田间诱杀害虫,诱杀的害虫作为鸡饲料,既灭了虫又养了鸡,不增加能耗,不增加排放,降低了成本,增加了效益。

二、现代农业发展村级集体经济的启示

1. 利用现代农业的多功能性,推动村级集体经济发展

现代农业除传统的生产经济功能外,环境生态、社会服务、文化传承功能都可以创造丰厚的生态、经济、社会效益。莲花村、东林村、北联村的实践说明,村级集体经济的发展,种(养)业是载体,生态环境是保障,多业并举是途径,市场运作是方向,政策支持是根本。水稻、油菜等产品,可以产生经济效益,植株群体可以净化空气、吸附尘埃、营造景观,生产过程可以开发产品,提供旅游产品。阳澄湖大闸蟹的养殖也有

同样的功效。休闲农业不过是对这种现象的学术定义,品牌战略不过是用市场法则解释这种现象的结果。因此,不断拓展农业功能,促进农业功能多样化,是发展现代农业、提高农业比较效益的重要工作,也是促进农业发展、农民进步、农村繁荣的有效举措。

2. 利用现代农业的规模效应,推动村级集体经济发展

在探索现代农业与村级集体经济发展新模式的道路上,苏州一些村级组织很早就进行了尝试。例如太仓市东林村从2007年开始,充分利用金仓湖区域开发建设的机遇,加快土地整合,把分散的农户组织起来,首创了合作农场这种新型模式。合作农场使得土地集中连片,便于规模经营,便于机械化操作,便于村里统一管理,便于现代农业的实施,为发展村级集体经济、改善农民生活环境、提高村民收入水平创造了条件。2015年,东林村村级总资产过亿元,村级可支配收入2150万元,农民人均纯收入27800元。

3. 利用现代农业的政策支持,推动村级集体经济发展

苏州按照"政府主导、农民参与、市场运作、产业兴园"的要求,坚持以富民优先为导向、以科学规划为引领、以机制创新为关键、以产业升级为保障,进一步集聚优势资源,优化要素配置,拓展发展空间,促进一、二、三产业融合发展,全面提升现代农业园区可持续发展能力和水平,推进全市农业现代化进程。苏州市委、市政府从政策和资金等方面给予现代农业全面支持。例如,对"三置换"腾出的土地,优先满足现代农业园区开发建设,使其享受"城乡一体化改革先导区"用地政策,园区土地规划面积的5%可用于配套设施建设,不占用当地用地指标,土地置换所产生的效益优先用于园区投资发展,让农民共享土地增值收益;将资源开发、科技工程、水利投资、基地建设等各类支农项目向现代农业园区集中,使其优先享受贷款贴息、资金配套等政策支持;园区5年内享受税费政策优惠,采取先征后返的形式,减免部分全额返还用于园区建设发展;等等。

虽然苏州现代农业在发展村级集体经济中取得了一定的成绩,但总体助推作用还不够有力,对村级集体经济贡献的份额还不够大。从当前来看,苏州的现代农业还存在着农村优质劳动力大量流失、农业从业人员整体素质偏低、农民组织化程度低、农业的产业化水平不高、休闲观光农业整体规划不够科学、农业科技对农业发展的贡献率仍偏低等问题。今后,农村通过现代农业发展村级集体经济一定要按照《苏州市"十二五"现代农业发展规划》提出的总体目标稳步推进。坚持在工业化、城镇化深入发展的过程中同步推进农业现代化,通过农业产业规模化、设施标准化、生态永续化、科技集约化、营销现代化、服务社会化、农民职业化水平的显著提升,形成以生态优美、生物集聚、产业融合、文化传承为主要标志的现代农业新格局,同时体现现代农业的产业优势,使现代农业更加有力地推动村级集体经济的发展,使苏州更加彰显"鱼米之乡"的魅力,使城乡居民过上更加美好的幸福生活。

案例一　莲花村：以蟹为龙头，生态农业、乡村旅游为特色，实现富民强村

一、概况

莲花村是一个四面环水的岛村，又称"莲花岛"，因像一朵盛开的莲花镶嵌在阳澄湖中央而得名。村辖区总面积3.2平方千米，分南岸、北岸、浜上东咀、华荣甸、西洋、中舍、西舍7个村民小组，现有面积4000多亩，常住人口1228人，农户535户。

莲花村先后被授予"苏州市新农村建设示范村""苏州十大生态旅游乡村""绿色苏州建设先进集体""江苏省生态村""江苏省卫生村'四城杯'先进集体""江苏省新农村建设先进村"等荣誉称号。

2009年，莲花村以阳澄湖度假区"打造世外桃源莲花岛"为契机，深入调研，集思广益，按照度假区规划，结合莲花村实际，形成点、线、面结合的总体规划。"点"即形成莲花岛风景区一个亮点，"线"为打造贯穿全岛7千米的主干线，"面"为带动辐射莲花岛整个面。围绕这个规划，莲花村形成了前部生态旅游观光区、中部现代农业种植区及北部无公害养殖区的发展板块，让莲花岛真正成为一个集旅游观光、种植、养殖于一体的生态渔耕岛屿。

莲花村坚持"生态立村、项目兴村、富民强村"的发展战略，发挥独特的地理环境、自然原生态优势以及以大闸蟹为主的水产养殖传统优势，以阳澄湖大闸蟹为龙头，以生态农业、乡村旅游为特色，全力推进各项建设发展，富民强村，实现了新的历史跨越。2015年全村实现集体经济收入3023万元，农民人均收入29540元。社会事业健康发展，生态旅游朝气蓬勃，群众生活水平大幅提高，公共服务全面覆盖，一个和谐、美丽、民主、文明的江南水乡农村正在稳步前进。

二、发展历程

莲花村30多年的发展历程大致经历了四个阶段。

1. 自产自销阶段

20世纪70年代,莲花村是一个名不见经传的岛村,交通十分不便,出行完全依靠水路,没有工业,农业薄弱,经济落后,村民贫困,村级收入不足50万元,是县级重点扶持的经济薄弱村。农村家庭联产承包责任制之前,莲花村每家每户村民分散种植,以农业为主,主要种植棉花、蔬菜、蚕豆等大田作物。由于生态环境优良,莲花村产的蚕豆和白菜品质优、产量高、价格低廉,深受苏州市民的喜爱。但由于交通不便,优质农产品主要自产自销,少量靠船只运输,卖给市民。

2. 大户形成阶段

20世纪80年代,苏州农村全面推行家庭联产承包责任制,农民有了生产经营的自主权,各种形式的专业农户大量涌现,一些农户养殖大闸蟹尝到了甜头,产生了扩大承包经营规模的想法。同时,随着乡镇工业的异军突起、快速发展,大批农民进厂务工,为了解决务工与种、养的矛盾,这些进厂农民萌发了部分或全部流转承包土地的想法。再加上当时种地不仅要缴纳农业税,还要承担村提留(两金一费)、镇统筹以及两工(义务工、积累工)等,负担不轻,在这种情况下,一些在二、三产业务工的农民开始将土地无偿、低偿甚至倒贴费用流转给一些大农户耕作或养殖。

3. 快速发展阶段

20世纪90年代,苏州的农业现代化建设逐渐延伸扩展为整个农村现代化建设。土地流转已不再是解决农民不愿种田问题、防止抛荒的权宜之计,而成为推进农业现代化的重要措施,农村承包土地的流转速度明显加快。随着土地及水面的集中,莲花村村民充分利用拥有天然水面资源的优势,大量养殖大闸蟹,养殖大闸蟹的收益比种植业有了很大的提高,农民掘到了第一桶金,大大提高了养殖大闸蟹的积极性。

4. 全面提升阶段

进入新世纪,由于大量养殖大闸蟹,2000年开始出现大闸蟹供大于求的问题,销售出现了困难。2004年,由村委会带头,以农民自愿现金入股的方式,组建了莲花村蟹业合作社,成功注册了"莲花村"牌商标,当年就获得了较大利润。2007年、2009年进行扩股,岛上有三分之二的村民加入了合作社组织。2010年,合作社荣获农业部江苏省苏州市"四有"合作社称号,"莲花村"牌大闸蟹被农业部绿色食品办公室认定为绿色食品A级产品。2012年年底,合作社年销售额为1300万元,社员每股分配为510元,农民得到了实惠。

同时,通过农民承包土地流转,实现资源整合,大力发展农业适度规模经营,相继组建成立了苏州莲花岛生态农业专业合作社、苏州阳澄湖东湖养殖专业合作社、苏州莲花村农机专业合作社,初步形成了千亩水稻现代观光农业基地和千亩蟹池高效渔业养殖示范区,带动了全村三产服务业的发展,也带动了整个莲花村乡村旅游业的发展,壮大了村级集体经济。

三、主要做法

1. 以组建蟹业合作社为龙头,增加经济收入

莲花村是阳澄湖中央一个四面环水的岛村,拥有湖中优质养殖水面万余亩,全村以特种水产养殖为支柱产业,是有名的大闸蟹生产基地,特色水产销往全国各地以及港澳台和东南亚等地,具有很高的知名度,大闸蟹养殖是村民的主要收入来源。为了更好地引导村民养好蟹,提高大闸蟹的质量,打开产品销售渠道,村干部把一家一户的养蟹户组织起来,在2004年成立了蟹业合作社,合作社的理事和监事成员均由社员投票民主选举产生,主要负责日常管理工作。合作社投资、生产、销售等重大事项均需董事会提出经社员代表大会讨论通过才得以实施,充分实现了民主管理。目前有200多户农户参加入股。合作社对入股农户进行政策引导,定期邀请水产专家进行实地讲解和新技术的传授,推广先进的养殖技术,整个养殖过程实施无公害农产品养殖技术,严把质量关,突出品牌效益。根据大闸蟹养殖的需要,不断完善标准内容和标准体系,在养殖过程中严格按照标准规定选址、投饵,注重规范养殖行为和改善生态环境。建立苗种培育基地2000亩,统一供应蟹苗，同时，结合养殖水循环技术、氮磷拦截技术，坚持走养殖发展与环境保护相协调的可持续发展道路。在建立起农民增收长效机制的基础上实现了产业经济的可持续发展。

莲花村蟹业合作社被评为国家级的农民专业合作组织、苏州市农民专业合作社示范典型。"莲花村"牌大闸蟹，被认定为绿色食品A级产品，获得了国家"原产地保护"称号。"莲花村"牌大闸蟹的养殖不仅推进了本地区农业产业结构的调整，扩大了农村就业门路，提高了产品的市场竞争力，也丰富了居民的菜篮子，增加了农民的收入。

2. 以建设生态农业为抓手，打造绿色品牌

莲花村坚持"生态立村"的发展战略，发挥独特的地理环境优势，保持原生态。莲花岛是阳澄湖地区唯一一个不通公路的地方，岛上没有汽车，没有工业，岛民们保持原生态的生活方式，岛上居住的全部都是原岛居民，家家以湖为生，以蟹为业，每家都用快艇出入。

莲花岛上的生活污水处理系统，是德国工程协会在中国生态建设中的成功实例，该技术广泛应用于德国各乡村小镇，在中国尚属首例。针对莲花岛生活污水的特点及当地的自然条件，采用强化型生态湿地处理系统处理生活污水，处理后污水变清水，可直接排入阳澄湖，打造最洁净的岛屿。

2012年，通过土地流转，莲花村实现资源整合，大力发展农业适度规模经营。在中部占地1100亩的农业区，按有机、无公害的农业要求，种植生态大米等农作物，实行"六个统一"，即统一供应种子、统一购买农资、统一播种、统一田间管理、统一病虫害防治、统一收割，打响了"耕岛"大米品牌，新增效益150万元。北部占地2000亩的蟹苗养殖基地正式运营，按照绿色、环保、高效的标准投资建设，可为村里增加收入200万元。南部地区建设绿化、花卉、游览区，服务农家乐旅游，并结合观光采摘，建设有400亩蔬菜基地。这些绿油油的蔬菜，金灿灿的稻谷，不仅给市场提供了优质的蔬菜和稻米，也为莲花村乡村旅游增添了美丽景色，带动了全村三产服务业的发展，壮大了村级集体经济。

3. 以美化村庄环境为契机，发展乡村旅游

2009年2月18日，相城阳澄湖生态休闲旅游度假区成立了，莲花

村也被纳入度假区的范围,这为发展乡村旅游带来了商机。度假区不仅是食客的天堂,而且民风淳朴、文化底蕴深厚,有一代文豪沈周、唐伯虎留下的许多脍炙人口的诗篇,有韩世忠、洪秀全、新四军留下的许多辉煌战役的历史,明建文皇帝也在此留下了许多民间故事。这些都为阳澄湖、莲花岛增添了深邃的历史文化传统。

几年来,莲花村紧紧抓住"观阳澄天然风景,品正宗湖里大蟹"这一主题,突出渔家特色,开发了"风情渔港"。岛上所有蟹农也自发布置庭院环境,家前屋后栽种树木花卉,遍植瓜果蔬菜,驾快艇带游客湖上兜风,介绍养蟹、捕蟹、吃蟹的知识,每年上岛休闲度假、品蟹、观光的海内外游客络绎不绝。在阳澄湖沿岸栽种杨柳和芦苇,还原"芦花放,稻谷香,岸柳成行"的阳澄湖自然景色,并建起了清水生态公园,村里的农民充分利用新农村建设改造、改善的环境,搞起了渔家乐餐饮,每天吸引着数百上千的上海、南京、杭州和苏州城里的游客。

莲花岛上的"忆园"生态博物馆由农耕馆、渔业馆、民俗风情馆、水乡婚庆馆、历史人文馆等展馆组成,通过现代化的手段生动地还原了阳澄湖地区原生态的生产、生活方式和民俗文化,以及生活化的阳澄湖风情,是目前最具江南水乡文化特色和品位的博物馆。

据统计,仅2012年中秋、国庆长假期间,莲花岛接待的游客就达17.5万人次。

四、经验启示

莲花村的发展给予我们很多启示。首先,是改革开放的政策和大力发展经济的环境指导了莲花村的发展。其次,是区域快速发展的行动激励和促进了莲花村的发展。第三,是以阳澄湖大闸蟹养殖为龙头、以生态农业发展为辅助、以休闲农业发展为抓手、以品牌打造和提高效益为目的的策略成就了莲花村的发展。此外,还有三方面的经验值得重视。

1. 走联合之路,从分散到集中

莲花村的种养业经历了从户户种田养蟹,到大户种田养蟹,再到合作社种田养蟹的发展过程。这种微观经营主体由多到少的变化,不仅是农业工业化、农村城镇化、农民市民化的真实反映,也是农业规模经营的起因、历程和健康发展的写照。从分散到集中,体现了农民经营理念的变化,体现了生产技术的提升,体现了生产关系的变革,体现了发展的实际需要与自主改革有机结合的主动性和创造性。

2. **走品牌之路,从低端到高端**

从捕鱼捉蟹、种豆、种菜自产自销,到养蟹、种稻、种菜销售,再到"莲花村"牌大闸蟹、"耕岛"牌有机米畅销各地;从户户种养,到大户种养,再到组建国家级大闸蟹生产合作社、有机米生产合作社,系统反映了莲花村农业生产由低端向高端发展的经历和成效,也反映了农业综合生产能力提升带来的农民增收效应、村级经济实力的提升效应。低端农业到高端农业的发展,靠的是科技水平的提高。因此,大力发展农业科技,是现代农业发展的重要保证。

3. **走多功能之路,从单项到全面**

大力拓展农业功能,是现代农业发展的重要任务。从简单的种养到为销售种养,再到打造品牌种养,莲花村的经济、社会、生态效益达到了高水平。同时,结合市民观光体验、回归自然、食品安全的需求,积极发展休闲观光农业,实现岛内污水集中处理,创造了可持续发展的良好环境,为永续发展创造了条件,也为农民增收提供了保障。

政策、科技、条件构成了现代农业发展的基本框架,也体现了政府主导作用的效力。外因促进、内因作用才能促进现代农业的快速发展。

五、存在的问题和发展思路

(一)存在的问题

莲花村在发展过程中也存在一些问题,主要表现在以下几个方面。

1. **管理方式比较粗放**

美化村庄环境的同时,如何保持干净整洁的村容、村貌是考验村干部管理能力的新课题。受长期形成习惯的影响,居民时常有乱丢垃圾的情况,加上旅游季节到来后,游客比较多,村庄的环境卫生管理能力没能及时跟上旅游发展的需要,垃圾产生速度较快,处理不及时,影响了莲花岛的生产生活环境及游客的旅游观光环境。另外,村民在经营农家乐时,部分村民只考虑到个人的利益,想尽一切办法扩大自家农家乐饭店的规模,出现了乱搭乱建的情况,在管理上控制力度不够,影响了村庄环境,阻碍了旅游规划建设。

2. 信息化建设相对滞后

以现代信息技术改造传统农业,是促进现代农业快速发展的有效途径,是建设现代农业的必然选择。目前该村农业生产经营领域的信息化,离现代农业的发展要求还有很大差距。主要体现在:信息技术未能全面渗透到农业生产作业、经营决策、市场服务和行业管理中;信息技术的应用没能跟上农业产业化发展步伐;农业生产经营信息化的实现途径仍处于摸索之中,农业信息化建设相对滞后,导致产前、产中、产后链接不顺畅。

3. 集体经济持续发展能力有待提高

莲花村集体经济的收入来源主要有三块:大闸蟹、种植业及乡村旅游,收入主要靠农业及农业延伸的三产服务业,没有像其他村那样的工业及房屋出租的收入,2015年村级可支配收入达2728多万元。一个纯农业的村如何进一步发展新型集体经济,促进农民持续增收,是始终摆在村民面前的首要问题。

(二)发展思路

在今后的发展中,莲花村应着重做好以下几点。

1. 注重发挥农业的生态功能

传统农业只有单一的经济功能,现代农业不仅注重对经济功能的开发,更要在提供新鲜、优质、安全的农产品的同时,为城市提供新鲜空气,营造优美宜人的绿色景观,改善自然环境,减少城市污染,充分体现其生态功能。为市民提供接触自然、体验农业及观光休闲的场所和机会,增强现代农业的文化内涵和教育功能。莲花村在发展农业、开发乡村旅游的同时,要加强规划和管理。强化对村民垃圾处理的宣传教育,提高村民的环境保护意识,建立分区包干及垃圾集中收集系统。坚决取缔违章建筑,保持原汁原味的自然生态环境,把生态功能作为现代农业的首要功能,彰显生态保护、观光休闲、文化传承等功能,优化农村生态环境,不断实现经济效益、社会效益、生态效益的有机统一。

2. 注重构建综合服务信息平台

江苏省委、省政府提出了建设村级"四有一责"(有持续稳定的集体收入、有功能齐全的活动阵地、有先进适用的信息网络、有群众拥护的双强带头人,强化村党组织领导责任)新要求,要求上级有关部门加快农业农村信息网络的建设。莲花村也要充分利用信息技术来改造传统的农业,加快农业技术的组装,加快智能农业机械等技术在农田基本建设、种植养殖、农产品加工营销、农业生产管理等领域的开发和应用。推动农业物联网示范应用,促进精准农业、感知农业发展。加快建立农业地理信息、生产信息、产销对接信息、市场价格信息等平台,发展农产品电子商务等信息载体,建立综合性农业数据库和网络数据库,以利于提高农户的管理和决策水平。

3. 注重突显现代农业魅力特色

位于阳澄湖东的莲花村保持了优美的风光,悠久的历史,丰饶的物产。这里村民枕水而居,大有世外桃源的风味。近年来旅游者纷至沓来,给水乡泽国带来了新课题,也给莲花村的传统农业带来了新使命:通过原生态的农业景观和生态休闲观光景点,营造出具有地域文化特征的湖区景观和高品位的旅游环境。围绕"阳澄湖—农产品—乡村旅游"这条主线进一步优化资源配置和资产结构,实施休闲旅游、餐饮娱乐、现代物流等新兴服务业建设。全力参与休闲度假娱乐、农业生态旅游、现代农业研发等新兴产业的发展。打破行政区域界限,探索以股份制形式组建整个度假区的新模式,实行联合发展。

【思考题】

1. 交通不便、经济较落后、以农业为主体的莲花村是如何发展村级集体经济、提高农民收入的?

2. 结合当地的实际情况,谈谈如何发展村级集体经济,增加农民收入。

案例二 东林村：以循环农业为抓手，走生态文明之路

一、概况

东林村是城厢镇下辖的行政村之一，地理位置处于太仓市区以北，辖区面积为7平方千米，整个村共有农户768户，在册人口总数为2985人，农村劳动力1640人，下辖42个村民组。东林村以"皇帝粮仓"而闻名，区内水路交通便利，东有石铺塘，西靠半泾河，南有苏昆太高速，北临杨林塘；土地资源丰富，辖区面积中可耕地面有4400亩。

近年来，东林村着力发展村级集体经济，改善农民生活环境，提高村民收入水平，解决民生问题，提高全村村民生活质量。从2007年开始，东林村充分利用金仓湖区域开发建设的机遇，加快推进城乡一体化建设，积极实践农业现代化的探索与创新，写下了优异的成绩单。目前村级总资产过亿元，2015年村级可支配收入2150万元，农民人均纯收入27800元。

东林村通过不懈努力，不仅让老百姓共享了农村集体经济发展的成果，而且受到了上级部门的肯定和褒奖。自2009年起，东林村连续三年进入太仓市村级经济十强村，并先后获得了"江苏省文明村""江苏省民主管理示范村""江苏省生态村""江苏省卫生村""苏州市党员服务中心示范点""太仓市十佳先进基层党组织""十佳新型农村合作组织"等30多项荣誉称号。

二、发展历程

近年来，太仓以绿色、生态、高效、富民的现代化农业发展要求为基准，探索发展现代农业，打造出了一套独具太仓特色的现代化农业体系。作为典型代表的东林村，致力于发展循环农业，提高村级集体经济发展水平。东林村取得如今的成绩，经历了一段从无到有、攻坚克难的

过程。

1. 粗放式农业发展阶段

2006年之前,东林村集体经济收入来源中农业所占的比重较大,且以粗放式农业为主。行政村合并后的东林村虽然面积达7平方千米,但耕地不多且零散分布,农田与民宅错杂穿插,延续了原有粗放式农业的发展模式,简单粗放、规模小且结构单一,多为单户种植生产,经营和生产方式落后,对环境、气候、资源的依赖程度较高。化肥、农药等大量使用,且生态环境保护措施因种种原因无法有效落实,农业对东林村的生态环境造成了一定的破坏。这不仅影响到了东林村的经济发展,而且不利于生态环境的治理与保护。

2. 循环农业发展准备阶段

从2006年开始,东林村积极响应建设社会主义新农村的号召,大力推进生态循环农业的发展,于2007年开始了大规模的、集中系统的土地整治工作,大力推进"三集中、三置换",加快土地流转、复垦土地进程。2007年至2009年,东林村先后申请成立太仓东林农业投资有限公司、东林劳务合作社、太仓市金仓湖物业管理有限公司等,多次举办各项培训班以提高农民素质,大力建设河道岸线整治、植树种草绿化等工程,逐步推出金仓湖系列农副产品,加大了对农业项目、农业开发及相关基础设施的建设力度,农业种养护水平得到了提升。一系列的工作为东林循环农业发展作了大量的准备和铺垫工作。

3. 循环农业高速发展阶段

随着2010年东林村合作农场专业合作社(由原东林劳务合作社、东林农机专业合作社等组建)的诞生,东林村步入了循环农业高速发展的阶段。从2012年开始,在建设高标准农田、有机农业试验基地等的基础上,围绕循环农业发展的要求,大力建设水利工程与太湖水水循环环境治理项目等;逐步完成了烘干、碾米、色选、包装的整套生产流水线的打造,减少了生产过程中资源的浪费;同大专院校和科研机构合作,2012年苏州农科院为东林循环农业制定生态规划,提高有机肥、绿肥使用比例,提高土壤养分含量,土质得到有效改善;建成了全国领先的工厂化育秧基地、生态养殖基地、精品果园,实现立体化育秧、生态化种养殖……

如今,东林村推广种植的富硒米水稻收成喜人且深受老百姓喜爱,实现了连片种植与农业规模化经营,打造出了一系列生态农业的品牌,形成了种植—养殖—种植的循环农业链,并将目光瞄准了休闲观光农业的开发,经济效益与生态效益实现了双丰收。

三、主要做法

从2006年到2012年,中央一号文件连续多次强调循环农业的发展是一条适合农村发展的现代农业之路。近年来,东林村对循环农业的发展十分重视,注重实现农业的生态效益和可持续发展。为此,东林村从选种开始,到农产品加工完成,都严格把关,做好了循环农业发展的每一步,逐步形成了具有东林特色的种养殖协调发展的循环农业模式,实现了农业生产、生态效益和经济效益的共同提升。

1. 良种良法配套,把好循环农业发展第一关

从选种到收割,东林村经过多年努力,形成了"选种—育秧—栽培—农产品收割—秸秆还田、副产品使用"的生态循环系统。

在东林村,由村集体统一采购并提供水稻种子。目前,东林村种植的水稻以晶莹剔透、口感松软滑润、弹性足的南粳46号等优质水稻为主。东林村建设有具备全国先进水平的工厂化育秧基地,采用立体化育秧方式,配套建设四层育秧架、防虫网遮阳棚,内设温湿度调控设施、雨水收集系统、自动喷滴微灌系统等,实现了智能温室立体工厂化育秧。同时,与南京农业大学、太仓市农委合作,巾作栽站指导施肥用药,实现了工厂化富硒育秧,提高了水稻、小麦的硒元素含量,2012年亩产值约7000元,每亩效益可达4000元左右。

东林村围绕生态农业、循环农业的标准,经过集中土地整治后,建设了成片的高标准农田,配套建设灌排分离设施,改善原有的河浜并实现综合利用。大量使用有机肥,交替种植水稻、绿肥等农作物以改善土质;田间安装太阳能捕虫灯,白天利用太阳能充电,夜晚高压杀虫,并将害虫加工后用作养殖鸡、鸭、鱼的高蛋白饲料,减少和严格控制农药与化肥的使用;同时,引进拖拉机、插秧机、施肥机及各式喷雾机,既提高

效率又减少浪费、节约成本;收割水稻时,收割机、烘干设备、碾米设备配套使用,农业生产机械化程度不断提高。不仅如此,东林村还将富硒大米加工过程中产生的谷糠用于饲养生态猪,并购买秸秆还田机,大力推广秸秆还田,防止焚烧秸秆而产生环境污染,变废为宝,使农业废料得到再利用。

2. 发展养猪业,提高资源循环利用率

近年来,东林村大力推进区内畜牧业的发展,以饲养生态猪牵头,着力打造生态猪、鱼、果园、水稻的生态循环系统链,提高资源的循环利用率。

东林合作农场的东北侧建有现代化的生态养殖基地,选择生态梅山猪、三元猪等优质猪为主要养殖品种,建造先进、设备齐全的猪舍,引进生猪养殖智能系统,与省内外科研院所合作,建设了智能化管理、数字化生产、猪肉生产、自动给料等多样系统,实现了对生猪身体状况、活动空间安排、饲料投放、身份识别、养殖全过程的数据采集等自动化、智能化的管理。为了给生猪养殖提供良好的环境,每个猪舍都十分宽敞明亮,通风效果良好,分开设置了休憩与喂食的场所,生猪运动量有效提高,确保生猪健康和猪肉质量。同时,铺就发酵床,采用干湿分离技术,去除异味,吸收与分解生猪的排泄物,保持空气清新和环境整洁。每个生猪养殖建筑外墙都专门设计了水帘装置,可以有效调节猪圈的温度。

除此之外,每个猪舍内部还铺设了排污管道,将猪粪和污水集中排放至沼气池中,利用干湿分离技术将猪粪与沼液分离,进行生物发酵,制成优质肥。每3~4年更换下的发酵床基质与发酵后的猪粪、沼液成为东林村主要的有机肥料,使用专用储罐车、专用输送管道等设备将其还田,使其成为育秧、果蔬灌溉、水稻种植等不可或缺的机质料,提高了土壤的有机肥含量,减少了化肥使用和环境污染,大大提高了农产品的营养价值与健康品质。

如今,东林村生态猪养殖初步获得成效,生态优质猪肉产出效益预计可达600万~800万元(2012年),并有望在三年内实现每亩平均效益1万元。与此同时,环境监测、监管有效性增强。养殖基地的生态效益与经济效益逐步显现,同时各种资源实现了高效的循环利用。

3. 加强环境治理,防治农业生产自身污染

循环农业有利于经济与生态环境的协调可持续发展,东林村重视在农业生产过程中减少能源消耗、环境污染,达到保护生态环境的目的。东林村在发展循环农业的过程中,加强治理粗放式的农业带来的生态破坏,农业生态环境改善效果明显。

东林村配合循环农业发展,大力推进各项环境保护措施,治理环境污染,绿化、美化生态。近年来,东林村结合实验基地和农田的建设,新建泵站、水泥渠道(明渠、暗渠)等配套设施,并通过对河道进行疏通、清淤,以多项措施并进的综合治理方式,提升了农业用水水质,并在河浜、水渠内巧妙地分级种植了多种水生植物,全面系统地改造、升级氮磷拦截生态工程,极为有效地减少了氮磷流失。为了更好地实现对水资源的循环利用与保护,东林村于 2012 年花巨资引进了太湖水循环项目,借先进技术之力推动水资源的净化与循环利用。东林村还主动承担了多项绿化种植养护工程,在东林养殖基地内的猪舍四周种植树木,提高养殖基地绿化面积,采取人工护养与养鹅除草的方式维护绿化带。

四、经验启示

东林村凭借循环农业的良好发展,走上了生态文明之路,现在村级集体经济发展势头强劲,早已成为农村集体经济发展的新星。东林村的发展经验值得学习与借鉴。

1. 学习经验与吸取教训,因地制宜谋发展

"他山之石,可以攻玉。"东林村领导干部时刻关注各地农业的发展状况,多次抽时间赴台湾等地区学习考察,了解该地区获得成功的原因,分析其在建设基础设施、引进先进设备、培育优良品种、优化生产环节、循环利用资源、保护生态环境等方面的有益做法,并联系东林村实际思考该项措施的可行性,如在本村适用,则要进行调整,绝不一味照搬照抄。成功经验要学习,失败案例也要引以为戒,对部分地区不根据当地实际情况盲目进行的不恰当举措,理性分析其利弊,时刻警惕,以防同类错误发生。

东林村循环农业的快速发展,离不开对其他地区成功经验与失败教训的冷静思考、分析与借鉴学习。东林村博采众长、主动学习、自主选择,为其因地制宜地制定符合实际的发展策略提供了有力的参考依据,这是东林村在发展循环农业中十分重要的一环。

2. 政府扶持与科技投入,巧妙结合促发展

近年来,政府对村级集体经济的发展愈来愈重视,政策扶持力度不断加大。多年来,太仓市积极推进农业转型升级,积极推进绿色、生态、高效、富民的现代农业发展。东林村在发展循环农业之际,市委、市政府给了政策与资金的支持,并定期委派专家进行指导,为东林村的发展提供了强大的后劲与支撑。东林村以合作农场为循环农业发展主阵地,不仅加强了农场的各项基础设施建设,而且从生态循环理念出发,采用了先进技术,将生物、物理等多种方法协调运用,变害为宝、变废为宝,确保循环农业的生态系统良好运行;同时,与多所科研院校、机构合作,拓展了东林村循环农业的发展思路,也为农业生态化发展提供了先进理念与技术保障。

政府扶持使得东林村底气十足、信心满满,科技投入为东林村循环农业的发展注入了更多的活力,东林人敢干、肯干、爱干、能干,帮助东林村在依托循环农业、谋求生态文明发展之路上越走越顺畅,打造出了属于东林村农业发展生态化的一片新天地。

3. 科学规划与把握重点,思路清晰谋发展

要建设好一个村,需要有一个思路清晰、头脑冷静、敢闯敢干的领导班子,有则为动力,无则成阻力。正是有了一支有思想、有头脑、有干劲的领导干部队伍,东林村在循环农业发展过程中才能保持认识的清醒,冷静客观地对待发展进程中遇到的各种问题,结合实际制定发展规划,发展以循环农业为重点的现代农业,走生态文明建设发展的道路。

以苏齐芳书记为首的东林村领导干部头脑清醒,明白东林发展的需求点、着力点,积极学习借鉴,绝不盲目跟风,认为只有循环农业发展好了,有了基础,才能促进现代休闲观光农业的发展;农业生态环境保护好了,才会产生对外吸引力,逐步发展观光农业、旅游业、服务业,从而带动第三产业的发展,实现经济效益的进一步提高。因此,东林村的

发展不是蛮干,而是以发展循环农业为抓手,紧抓生态效益与经济效益共同发展的主线。

五、存在的问题与发展思路

(一)存在的问题

东林村领导干部坦言,东林遇到了不少问题与困难,一部分在发展进程中,在政府和科研机构的支持下得到了有效的解决,但目前仍存在一部分问题有待商榷。

1. 技术支撑尚不能完全到位

尽管东林村通过努力形成了具有一定规模的种植—养殖—种植的循环链,打造形成了"选种—育秧—栽培—农产品收割—秸秆还田、副产品使用"的生态循环系统,但仍存在部分问题有待解决。

目前较为棘手的问题主要有两点。一是秧苗的采光问题。在育秧大棚内,暂时无法有效解决立体式育秧模式下的采光问题。东林村的立体式育秧采用多层模式,其中仅有顶层可以完全照射到阳光,其他层中有部分能够实现采光。采光不足,秧苗无法进行充分的光合作用,对秧苗的成长十分不利,培育的优质秧苗质量、产量无法进一步提高。二是二次污染的预防。农场内广泛使用有机肥,如何防止有机肥、饲料的不恰当利用,预防二次污染,也是困扰东林村的技术问题之一。比如,东林村生态养殖基地内养猪场定期更换下的发酵床基质是优质环保的有机质,但目前无法准确估计和测量是否会对土壤产生污染、其不利影响的程度如何。

2. 人才队伍建设后劲不足

循环农业的发展进步亟须一支人才结构合理、品行素质优秀、懂专业技术的人才队伍,东林村在近几年加大了人才引进力度,但目前在与循环农业相关的人才队伍建设方面仍存在一些问题:一是人才结构不合理,专业技术型人才所占比例较小,既懂经营又会管理的人才不多,能够完全胜任循环农业发展的、综合素质较高的人才力量不够强大;二是队伍年龄层次分布不合理,很多年轻的大学生不愿意到农村就业,认为在农村就业没有发展前途,是大材小用,即便是从农村走出来的,也不愿投身于农村,造成人才队伍中坚力量的缺失。三是人才流失严重。到农村就业的年轻人大多将其视为跳板,不愿长期留在农村,刚熟悉农业农村的情况、了解本村农业发展的思路与重点,就改变就业方向,增加了人才队伍建设的损失。

(二) 发展思路

在今后的发展中,东林村主要应在以下三个方面下功夫。

1. 深化科研开发,服务生态种养殖发展

按照"从一头猪一亩地来增加有机肥,减少化肥的使用;从五亩地一盏诱虫灯来减少化学除虫,减少农药使用量;米厂的青糠、谷糠、小麦全部留下来喂养生态猪、有机硒猪"的思路,持续开展点对点、双向的合作开发模式,加强与中国科学技术大学、湖南大学、苏州硒谷科技有限公司、江苏畜牧兽医职业技术学院等大专院校和科研机构的合作力度,进一步完善富硒大米生产加工、生猪养殖智能系统、土壤氮磷拦截、水循环等合作项目,以保证农产品生产全过程的健康无污染;加强农业生产智能化管理,引进电脑数据运算处理系统,以数字化、智能化管理方式促进农业生产的精细化、生态化发展。与苏州市农科院深入合作,依托共同建立的田园工作室,留守专家定期察看、监测土壤状态,及时解决农业生产中出现的问题,确保良性循环。

2. 加强人才队伍建设,储备循环农业发展的人才

抓好农村人才队伍建设,为发展循环农业发展提供人才支持,才能有效推动生态文明发展,为集体经济发展添砖加瓦。以苏齐芳书记为首的领导干部队伍也意识到了这一点,采取了多种方式引进人才,如对外招聘村官、聘请专业技术人才等。

一是加强教育培训,依据循环农业发展思路与人才需求方向,对农村工作人员进行有较强针对性的教育培训,提高其专业技术能力;二是引进专业技术能力强、业务能力强、综合素质高的人才,改善人才队伍的结构比例,整体提高人才的能力水平;三是聘请大学生到村内任职,增加年轻人的比重,逐步改善人才队伍的年龄结构,促进队伍的年轻化,培养农村建设与管理的储备力量;四是尽全力为人才在农村的生活、工作提供帮助,适当增加福利等方面的待遇,为其解决后顾之忧,提高其工作积极性;五是实施定期考评、选拔制度,奖励有优异表现的人员,提拔具有发展潜力的人才,帮助他们拓展发展空间。

3. 结合新型发展手段,拓展循环农业发展方式

借循环农业发展的良好势头,在生态化发展具备一定规模时,考虑适当开发以休闲观光为主的农业旅游,以农业发展为亮点,与金仓湖湿地公园链接,同时将循环农业发展、生态环境保护措施、自然与人文景观协调等作为主题,策划旅游项目,建设教育基地。东林村目前正在配套建设果蔬自由采摘园及相关设施,规划开辟自由种植菜园,满足游客更多的诉求;计划建立游客接待中心并培训一批熟悉东林村循环农业发展、专业知识技能过关的乡村导游,服务休闲旅游观光客。东林村同时强调在开发循环农业旅游项目时一定要规避对现有农业的破坏,不搞重复性建设、过度建设,循序渐进、脚踏实地地落实每一步,逐步提高农业的娱乐、观赏、教育功能。

【思考题】

1. 结合东林村发展循环农业的做法,谈谈其对当地经济发展的启示。

2. 针对当前循环农业的发展,谈谈解决发展中存在问题的思路。

案例三　北联村：建设现代农业产业园区，提升示范、辐射、推广能力

一、概况

北联村位于吴江区同里镇北部，由原裴库村、韩墅村、旺塔村于2003年合并而成，是目前同里镇人口最多、土地面积最大的行政村之一，现有36个村民组，1230户农户，总人口3538人，土地面积5509亩，标准厂房8500平方米。近年来，依托江苏省吴江现代农业产业园区的发展壮大，北联村获得了强劲的发展动力，2012年村级集体经济可支配收入达189.4万元，人均年收入达20495元。北联村先后荣获"江苏省生态村""苏州新农建设示范村""苏州市廉洁文化示范点"等称号。

江苏省吴江现代农业产业园区即苏州市同里科技农业示范园，始建于2007年，位于吴江东北部，主要有北联、三港、合心、湘娄、白蚬湖、肖甸湖等行政村组成。产业园区地理位置优越，交通优势十分明显，与苏州工业园区、上海青浦相邻，靠近沪苏浙高速、318国道、苏嘉杭高速等多条交通线。九里湖、澄湖、沭庄湖、白蚬湖等湖泊环绕园区，域内资源丰富，环境优美。经过多年努力，产业园区完成了一、二期工程建设，建成了高效设施农业区、优质粮油生产区等四大功能区，配套建设了机耕路、水泥渠道等一批基础设施。各级政府高度关注与支持产业园区的发展，并给予了充分肯定。产业园区先后荣获"2010年全省发展高效设施农业先进单位""2010年度粮棉油高产增效创建先进单位""苏州市2010年度现代农业工作先进单位"等称号，连续两年获得"苏州市十佳现代农业示范园区""吴江市城乡一体化建设先进集体"等荣誉称号。

二、发展历程

北联村的农业发展经历了由原来的简单化农业发展阶段到集中式

发展阶段,再到如今以吴江(同里)现代农业产业园区发展带动的规模经营发展阶段。

1. 简单化农业发展阶段

1998年前,北联村的农业发展十分单一,形式也较为粗放,农户主要以种植水稻、小麦等农作物为主,渔业养殖也仅以养殖青鱼、草鱼、鲢鱼四大家鱼为主,尽管已经开始逐步引进其他水产种类,但养殖密度和养殖水平提高幅度有限。农业发展规模小、生产方式落后,且偏向于粗放式的农业发展模式,规范、专业的农业产业链条几乎不存在。在经济发展贡献中,农业所占比重小,环境效益不强。

2. 集中式农业发展阶段

1998年开始,尤其是在2004年以后,北联村对全村农业发展进行了大规模的改造,不仅加强了青虾、南美白对虾等水产养殖品种的引进,并开始聘请专家与养殖能手为村民进行专业辅导,通过多种形式提高农民的养殖技术。2005年投资近200万元改造原商品鱼生产基地——洋溢湖,逐步完成了全村鱼池等基础设施的标准化改造,精确了水产养殖密度,逐步提高了科学性。同时,北联还保留了大量连片的农田,为今后现代农业产业园区即苏州市同里科技农业示范园的建设打下了基础。

3. 规模经营农业发展阶段

2007年6月,吴江(同里)现代农业产业园区启动建设,北联村等行政村被纳入园区区划内。随着产业园区现代农业的发展,北联村逐步规划建设了高标准核心示范区,以高效设施农业、优质粮油生产区、特种水产养殖区、生态休闲观光区布局整个示范园区空间,逐步实现现代高效农业、农产品生加工、农业观光旅游的发展。政府高度关注与支持产业园区的发展,产业科学规划与资金投入并举,积极实施有利于产业园区发展的措施,如招商引资、技术投入、功能定位、管理模式创新等。产业园区农业规模化、产业化、现代化的发展,带动了辖区内北联等行政村鱼米之乡的优势发挥,促进其在经济、社会、生态等方面取得发展。

三、主要做法

北联村的发展与吴江(同里)现代农业产业园区的建设息息相关,没有产业园区的发展,就没有北联村实力的进步。吴江(同里)现代农业产业园区对以北联为主的村庄进行建设开发,通过板块设计、品牌打造、基地建设等多项举措,使产业园区逐步具备了辐射周边、示范推广的能力。

1. 规划与投资,政府统筹产业园区展示平台的建设

吴江区、同里镇政府集中建设北联等行政村,统筹引导同里科技农业示范园的开发,抓住城乡一体化建设的契机,以工业开发区建设理念规划园区建设,大力投资支持产业园区发展。

2009年,吴江区、同里镇政府同南京大学地理与海洋科学学院合作设计产业园区的发展规划,并在组织专家论证、鉴定后最终批准实施。吴江区、同里镇政府按照产业园区规划和定位的要求,统筹总体布局,指导与监管产业园区开发。产业园区内规划了不同的农业建设项目,建设高标准核心示范区,打造现代化高标准农田、水产养殖基地与花卉园艺基地等种养殖展示基地,搭配智能温室、联栋大棚、钢管大棚、设施养殖等生产设施投入,引进大棚耕作机、植保机械、自动播种流水线、运输车辆、大棚滴灌系统、虾池微管增氧机等机械化设备,为产业园区配套建设密集耕路等基础设施并统一提供多元化的信息与技术服务,指导产业园区的技术引进与运用。在政府的大力帮扶下,产业园区目前已建成"三个中心、四个板块、五个平台",成功搭建了展示平台,具备了一定的辐射与示范能力,起到了推广带动的作用。

产业园区投入机制优良,共计划陆续投资11.1亿元,目前总投资1.0385亿元,财政资金与项目资金占投资总额的76%左右,民间资本投入所占比例较小。政府不仅出资扶持农田、养殖基地、展示基地建设,扶持技术引进与开发、品种培育与推广、机械设备等,而且积极引进资金,减轻了村级财政支出的压力,为产业园区的建设提供了有力的资金支持,解除了产业园区发展的后顾之忧。

2. 引进与研发,技术推动产业园区产业孵化的进程

吴江(同里)现代农业产业园区以农业科技示范为发展方向,坚持引进技术与自主研发,为产业园区产业孵化推进提供了强大的技术推动力量,培育了一批具有竞争优势的农业科技产业。

近年来,在生态环境保护的前提下,产业园区先后在国内外引进多项技术,以新技术的引进推广、促进新品种的培育种植。引进使用了定量栽培、秸秆还田、综防病虫草害、测土配方施肥等水稻栽培种植技术,组培、机械播种、基质栽培、定量灌溉等十余项花卉栽种技术,以及以微管增氧、虾蟹混养、生态饲养喂养等为主的水产养殖技术,结合规划建设的现代化农业设施,成功栽培了精心筛选引进的水稻、花卉、水产等新品种。同时,园区以扬州大学农学院为基础,积极展开与上海交通大学农学院、浙江大学、苏州市农业职业技术学院的联系,向其咨询农业科技相关问题,及时将前沿农业技术转化为推动产业园区发展的生产力。

不仅如此,产业园区还聘请全国知名院校的教授参与相关技术研发,组建专家团队,建立多个针对性极强的工作站,利用高校在应用工程技术、农艺技术、生物技术等方面的优势,展开产学研合作:与华南农业大学教授、博导罗锡文院士合作,组建农业机械与装备院士工作站,自主开发新型农机与设施机械并应用;与国家信息农业工程技术中心共同组建了南京农业大学苏州信息农业专家工作站,在信息农业、技术农业的技术创新、系统集成、转化应用方面展开深入合作;等等。

3. 招商与展示,综合强化产业园区示范辐射的能力

为了进一步提升吴江(同里)现代农业产业园区的示范与辐射推广能力,产业园区在管理与招商上综合采用多种措施,重视管理与招商的协调配合,收到了很好的效果。

产业园区制定了专门的招商政策机制,分别以花卉苗木种植、优质蔬菜栽培、特色瓜果生产、特种水产养殖、生态休闲观光为开发重点,与省级农业龙头企业苏州玫瑰园园艺有限公司、省级农业龙头企业金利油脂(苏州)有限公司、苏州市五月田有机农业科技有限公司、苏州品尚园艺有限公司、苏州市紫荆园艺有限公司、苏州市冠鼎生态农业园有限

公司等优秀企业展开合作,继续发挥产业园区特色种养殖的优势,有效地提升了展示基地的建设水准。同时,与优秀企业的合作也打开了产业园区发展的新思路,以"公司+市场+基地"的运作模式,配套建设相关交易市场,实现了生产营销的专业化发展,实现了品牌效益,仅花卉交易一项就实现过亿的年交易额。

产业园区依托高校与科研机构,建设了多方位、多样化的展示基地。经南京农业大学与扬州大学农业专家的指引,北联村建设了1500亩的水稻精确栽培核心技术展示区,示范水稻栽培种植技术;花卉园艺展示基地推广展示郁金香、四季海棠等花卉品种的栽培技术;在花卉园艺组织培养室展示兰花系列、百合、彩色马蹄莲的繁育技术;建设太湖青虾等水产繁育与展示基地,推广优质水产养殖……产业园区还建有农民培训中心,多次为农民开展专题培训,并开展结对活动,让专家直接指导农民,同时建设农业信息项目,组建服务部,搭建网上信息交流载体,对外发布农业信息,提高辐射能力,带动周边地区的发展。

四、经验启示

吴江(同里)现代农业产业园区锁定现代高效农业、农产品深加工、农业观光旅游的发展方向,走出了一条运作机制良好、三大效益兼备、功能定位合理的农业产业示范推广之路。

1. 借鉴、创新适宜园区的运作机制

吴江(同里)现代农业产业园区能够实现有效、良好的建设开发,源自于其采用的"管委会+公司+企业+科研院所"的现代化管理模式,通过不同主管单位分管相应工作来实现产业园区的开发建设,这是产业园区在借鉴其他地区运作管理机制的基础上找到的属于自己的模式。

苏州市同里农业科技示范园管委会负责域内管理工作,如建设基础设施,负责与农业相关的招商引资,指导农业方面的生产经营,加强后勤服务的保障。管委会下设办公室、生产技术科、农业招商科、综合服务科等部门,引进了专业技术与管理人才,部门与人员的分工和职责明确。同时,还注册了苏州市同里农业科技示范园发展有限公司,配合管委会的工作,加强对产业园区各项建设的领导。组建农机专业合作社和粮油专业合作社(北联等)、土地股份合作社,与引进的农业企业构成了农业经营新模式。

2. 重视实现园区的三大效益

吴江(同里)现代农业产业园区追求的不仅仅是经济效益,更是社会效益、生态效益。

园区坚持以规模化、科技化、产业化的要求生产各类农产品。据资料显示,花卉园艺、蔬菜瓜果、水产养殖的产值均达3000万~6500万元,每亩经济效益平均可达8064元,村级集体收入大幅提升,人均收入十分喜人。

对社会效益的高度重视是产业园区的一大特色。北联村作为产业园区内的"农业工厂"之一,建成了粮油、水产、蔬菜、花卉等展示基地,为现代农业提供了展示平台,不仅丰富了农产品的市场供应,而且实现了将高新农业科技示范推广的目的,辐射推广能力得到提高。生态效益也是产业园区引以为荣的特色之一。通过减少化肥农业,推广农业技术等,实现了种养殖、产品生产生态化,减少了农业污染,生态环境不断改善,并以成片农田、湿地公园为龙头,开发油菜花观赏等旅游休闲项目,与古镇旅游相结合,形成具有同里特色的生态旅游业。

3. 制定、形成产业园区合理的功能定位

吴江(同里)现代农业产业园区在规划之初就制定了五大功能,即示范推广功能、产业孵化功能、集聚扩散功能、科普培训功能、旅游观光功能,力求在发展进程中发挥好五大功能。

产业园区在政府部门的大力支持下,以同里北联农业示范园等为主打工程,除了将引入的新技术、新品种、新设备等积极推广、灵活应用外,更将先进的管理模式与经验转化为促进园区现代农业发展的重要影响因子。产业园区与知名高校专家教授合作,自主进行技术的研究与创新,从试验到推广,提高了园区育种、农产品加工、物流的产业水平,农业科技的研究、示范、推广能力有效提升,逐步发展成为知名的现代农业样板区,展示了产业园区技术、成果、政策、信息等方面的强大优势,结合技术、品种、设施、经验等多个热点,实现成果共享,成功吸引农民接受专业教育培训,参与现代农业生产,开发农业观光景点。多种形式的巧妙配合,将产业园区的技术与经验等向外辐射推广,带动周边农业科技的产业发展,帮助周边地区提升经济发展水平。

四、存在的问题与发展思路

(一)存在的问题

北联村在村级集体经济发展中还存在以下问题。

1. 村级集体经济与人均收入水平有待提升

尽管吴江(同里)现代农业产业园区的发展带动了北联村村级集体经济和人均收入的提高,但目前北联村的村级集体经济、村级可支配收入和农民的人均收入水平与苏州部分地区的行政村相比仍存在不小的差距。吴江(同里)现代农业产业园区尽管对三大效益同等重视,但在具体的实现过程中,经济效益所占比重仍较低。因此,如何继续保持产业园区在社会效益、生态效益领先优势的前提下,实现经济效益的腾飞,实现村级集体经济与人均收入的提高,是北联村与产业园区及政府需要仔细斟酌的问题。

2. 技术引进对园区功能发挥的限制有待解决

吴江(同里)现代农业产业园区的发展离不开强大的科技投入。在产业园区发展过程中,技术是产业园区辐射能力提高、推广带动作用发挥的支撑要素。但在目前产业园区所使用的技术中,有一部分是国外引进的技术,对于一些包含核心技术的农业机械与技术,产业园区虽然可以购买引进并推广使用,但并不能充分地了解这些农机制造与核心技术的原理,对今后的维护、农业科技的进步也造成了一定的限制。产业园区需要加强农业科技的自主研发,在核心技术领域崭露头角,减轻对国外技术的依赖程度。

(二)发展思路

现有的发展成就不会让吴江(同里)现代农业产业园区止步不前,产业园区以打造国家级示范园区为目标,为自己度身打造了未来的发展计划。

1. 强化示范平台建设,提高产业园区的辐射能力

继续加强建设产业园区的现代农业展示平台,以现代农业技术、产品、设备等为主要展示内容,将政府对产业园区的政策与财政支持、农民对产业园区发展的贡献、企业与产业园区管委会之间的合作、专家对农业科技的推动等结合,为现代农业发展提供优秀范例,形成政府、农民、企业、专家、社会大众之间相互影响、相互促进、相互协作的紧密关系,以不断强化产业园区内重要构成因素对其建设的促进作用。产业园区的开发不局限于推广示范农业产品与技术,而是同时与市场经济、生态环境保护融为一体,将示范区的五大功能定位与生态建设、高效种养、清洁生产、加工销售、信息传播、旅游休闲融合,在现有基础上优化示范区模式,进一步实现产业园区的可持续发展,形成功能定位更加明确、形式更加丰富、带动辐射能力更强的农业示范园。

2. 优化交流共享载体,营造多元化教学氛围

吴江(同里)现代农业产业园区不仅要建成现代农业展示平台,而且要将自己塑造成一个可以对外交流、实现信息共享的载体,营造出形式多样、信息丰富、轻松愉快的教学氛围。产业园区将努力建设自身,力求成为苏州现代农业的展示窗口和农业科技成果转化的孵化器,积极开发示范园休闲项目、观赏旅游节日、示范教育基地、深入体验场所等,使产业园区与来访者、参观者对话,提供面对面交流学习的机会。同时,利用发达的网络科技,借助信息高速公路的发展,加强网络载体的建设,将较为成功的做法、先进的技术、最新的农产品及部分最新讯息以文字、图片、视频、音频等形式置于专题板块内,建设信息库,并定期更新,逐步形成网络展示与教育载体,扩宽教育培训的课堂形式。

3. 立足现状勇于争先,打造农业示范园区表率

吴江(同里)现代农业产业园区有着建设国家级示范园区的目标,如今的建设成果是鼓励也是鞭策,产业园区将按照目标规划,继续投入与引进资金,结合经济效益、社会效益与生态效益稳步同步提高的要求,强化产业园区功能定位优势的显现,坚持"管委会+公司+企业+科研院所"的现代化管理模式,创新运行机制与实施手段。同时,继续引进最新技术成果并且加以推广应用,加强工作站建设,鼓励技术研

发,勇于成为"第一个吃螃蟹的人",为新技术的试验提供专用场所,加大对农业科技研究的扶持力度,为其适当开设"绿色通道",竭尽所能为农业科技研究提供全方位的财力、物力、人力支持,力争早日占领农业核心技术自主研发的高地,将产业园区建设成为理念先进、技术领先、管理科学、成果显著的具有表率作用的现代农业示范园区。

【思考题】

1. 结合北联村的农业发展,思考其与吴江(同里)现代农业产业园区之间的联系。

2. 结合当地实际情况,思考如何选择现代农业发展方向与功能定位。

后 记

作为我院干部培训系列教材之一,《苏州村级集体经济发展的模式与案例》一书,从2012年9月至2013年3月,编写者经过为时半年的努力,大多利用工作之余辛勤笔耕,几易其稿,终于完成了全部的编写任务。即将付梓之际,面对厚厚的书稿,可谓感慨万千。其中既有长途奔袭的疲惫,也有重压释放的失重;既有终成正果的窃喜,也有笔不达意的担忧。

苏州作为"苏南模式"的发源地,集体经济发展是苏州农村的一大特点,也是苏州农村改革30多年来最大的特色和亮点。从中央到省、市,许多学者在总结、提升苏州农村集体经济发展的经验,所以,从理论的深度和高度来讲,本书万不敢企盼,况且基层干部培训教材本身的侧重点也并不一定在此。我们想展示给培训者和读者的是苏州在不断的改革与创新中摸索出的一条符合自身特点的村级集体经济发展之路,所以我们选择了多元化的模式和现实鲜活的案例,给大家以可学可用之感。

本书的提纲、案例由金伟栋同志根据薛臻副院长在培训课堂上的讲稿梳理而成,目的是通俗易懂,便于借鉴。各章节的编写由学院骨干教师承担。执笔人分别是:绪论和第一章,徐汝华;第二章,陈述;第三章,何蓓蓓;第四章,何兵;第五章,肖尧;第六章,孟凡辉;第七章,王江君;第八章,董遵、宋艳。何蓓蓓同志同时承担了校稿、修改意见反馈、整理等大量繁琐的联络工作,金伟栋同志担任了统稿工作,最后由薛臻副院长定稿。大家兢兢业业,虽不敢说呕心沥血,但在一种强烈的责任感驱使下,所有编写人员都付出了自己最大的努力。

教材的编写工作得到了市委、市政府领导的高度重视,市委陈振一副书记亲自为序,市委办公室陆文明处长给本书提出了很多建设性的意见。市委农办农村经营管理处陈文忠处长在百忙中亲自前来我院为教材编写小组成员答疑解惑,加以指导。各市(县、区)农办领导、各案例涉及的村领导,都不吝赐教,为本书的编写提供了大量翔实的资料。在此一一表示谢意。

当然,本书得以付梓,与学院党委大力推动、全力支持密不可分。院党委书记、院长张伟全过程关注本书的编写工作,并不断给予精神上的鼓励。副院长孙坚烽、费春元也时刻关心书稿的编写进度,并提出宝贵意见。各处室负责同志出人出力,给本书编写于支持。这些关心和支持都化成了我们编写本书的动力和源泉。因此,说本书的编写举全院之力、凝聚了大家的心血,是一点也不为过的。

最后,由于编者水平有限,而且编写时间紧迫,有些观点难免偏颇,总结不够全面,文字也略显粗鄙,希望各位培训领导阅罢本书,多提宝贵意见,以便于我们再版时修正提高。

苏州市农村干部学院
基层干部培训系列教材编写委员会
2013 年 3 月 18 日

图书在版编目(CIP)数据

苏州村级集体经济发展的模式与案例/薛臻主编.
—苏州：苏州大学出版社，2013.5(2017.9重印)
基层干部培训系列教材
ISBN 978-7-5672-0499-7

Ⅰ.①苏… Ⅱ.①薛… Ⅲ.①农村经济-集体经济-经济发展-苏州市-干部培训-教材 Ⅳ.①F327.533

中国版本图书馆 CIP 数据核字(2013)第 082918 号

苏州村级集体经济发展的模式与案例
薛　臻　主编

责任编辑　史创新

苏州大学出版社出版发行
(地址：苏州市十梓街 1 号　邮编：215006)
苏州工业园区美柯乐制版印务有限责任公司印装
(地址：苏州工业园区娄葑镇东兴路 7-1 号　邮编：215021)

开本 700×1000　1/16　印张 14　字数 206 千
2013 年 5 月第 1 版　2017 年 9 月第 5 次修订印刷
ISBN 978-7-5672-0499-7　定价：40.00 元

苏州大学版图书若有印装错误，本社负责调换
苏州大学出版社营销部　电话：0512-65225020
苏州大学出版社网址 http://www.sudapress.com